e-book accessibility

電子書籍アクセシビリティの研究

視覚障害者等への対応から
ユニバーサルデザインへ

松原 聡 編著

東洋大学出版会

まえがき

　「墨字」という言葉がある。「すみじ」と読む。視覚が不自由な方が利用する「点字」に対する語で、ひらがな、カタカナ、漢字などの筆記文字を指す。本書では、紙に印刷された書籍を「紙の書籍」と表現したが、これが「墨字本」である。

　いうまでもなく、書籍は私たちにとって極めて重要な情報入手の手段である。視覚が不自由な方や上肢障害の方などは、この書籍へのアクセスが制約されてしまう。このため、墨字本は点訳、音訳されてきたが、その数は極めて限られたものであった。

　本書の執筆者の1人である石川准 静岡県立大教授は、視覚に障害があるが、学生時代にはアルバイト学生による音訳によって研究書を読んでいたという。そのアルバイト学生が、今は社会学の研究者になっているそうだが、石川氏が多くの制約の中で研究を進めてきた苦労が窺える。

　いま、電子書籍が普及し、墨字を紙の書籍で「読む」という読書の方法とともに、墨字の本を電子書籍デバイスで「読む」という読書の方法も一般化しつつある。コンピュータで人の声を合成する技術が開発され、テキストが自動的に音声に変換されるText to Speech（TTS、音声合成）の技術が普及してきた。紙の書籍を点訳、音訳する代わりに、テキストデータ化することで、デバイスの機能を用いて音声を自動で読み上げる「音読」が可能となったのである。そのデータ化には、場合によっては著作者の許諾を得るなどの著作権処理の問題も生じるし、スキャンしてOCR（光学文字認識）にかけ、さらにOCRの誤認識を修正するといった膨大な作業が必要となる。しかし、点訳、音訳に並ぶ新しい読書の方法が提供されたことは間違いない。

また、一般に販売される電子書籍は基本的にテキストデータをベースにしており、同じくこの TTS を利用することができる。現在、Kindle Store で販売されている電子書籍の多くは、iPhone、iPad を用いれば OS である iOS の支援機能を使って音声読み上げが可能となっている。また、Android のスマートフォンやタブレット PC でも同様である。もちろん、一定の誤読は生じるし、書籍の中の画像データの読み上げもできない。しかし、すでに数十万タイトルもの電子書籍が、追加的な手間のかからない音声読み上げに対応している。

私たちは、この TTS 機能を利用して、過去に出版された紙の書籍をデータ化し音声読み上げに対応させる手法を研究した。また、新たに公刊される電子書籍の多くを TTS 対応にしてアクセシブルな電子書籍にする方法、さらには TTS で生じる誤読をなくしていく方法などを、法制度や技術までを含めて総合的に研究した。

従来、すべての書籍を点訳あるいは音訳するということは現実的ではなかったが、電子書籍であれば、少なくとも新刊のものの多くを音声読み上げ対応にすることは可能である。また、すでに刊行されている紙の書籍のテキストデータ化も、スキャン、OCR などの精度が高まれば、より容易になっていく。こういったことを通して、紙の書籍の利用が困難な方たちにより多くの読書の機会を提供したい、これが執筆者の共通の思いである。

これは視覚が不自由な方に限った話ではない。高齢化が進み、老眼をはじめ、加齢による種々の視力低下に悩む人は年々増加している。また、電子書籍には文字を拡大し、その拡大に応じて自動的にページ送りされていくリフローという機能もある。音声読み上げ、文字拡大によって、こういった方々にも読書の機会が提供されることになる。

いうまでもないが、「文字情報」は書籍に留まらない。パンフレットも、入試問題も、公文書も「文字情報」であるし、現代ではウェブでの情報収集が不可欠になっている。本書では書籍を中心に研究を進めてきたが、この議論をあらゆる情報へのアクセシビリティ確保に発展させていくことが、今後の研究課題となろう。

なお、本書は紙の書籍版と、音声読み上げ対応の電子書籍版の同時刊行を前提に執筆された。現状の音声読み上げ機能には誤読がつきものであり、本書でも原

稿段階で音声読み上げを試みたところ、約400の誤読が生じた。編集上の工夫などで、最終的に誤読をほぼゼロに抑えることができた。

　書籍を正確に音読したいとの思いにどのように対応できるのか、が本書の研究目的の一つであった。同時に本書自体が、正確な音読を実現できるか、が一つの社会的な実験であると考えていた。本書によって、原稿執筆段階での工夫や、原稿完成後の実際に音声読み上げを行った上での修正作業などによって、大きな追加費用なしに、ほぼ誤読のない電子書籍音声読み上げが可能となることが実証されたことになる。

　さて、2016年6月、うれしいニュースが飛び込んできた。本書の執筆者石川准氏は、平成23（2011）年8月5日に公布・施行された改正障害者基本法に基づいて設立された障害者政策委員会の委員長を初代から務めており、障害者差別解消法、国連障害者権利条約の批准に務めてきた。その石川氏が、国連障害者権利委員会委員に選出されたのである。日本人として初の選出である。本書の中で、繰り返し日本の障害者政策の遅れを指摘しているが、石川氏のこの委員選出をもって、その遅れを一気に取り戻す好機を得たと喜びに堪えない。

　本書が日本の障害者政策を加速させる一助となることを念じて、筆をおきたい。
　2016年11月

松原　聡（さとる）

目　次

まえがき i

1章　視覚障害者等と電子書籍のアクセシビリティ 1
　1.1　障害者差別解消法の施行と電子書籍 2
　1.2　「視覚障害者等」の定義 3
　1.3　電子書籍のアクセシビリティ 4
　1.4　電子書籍の日本語音声読み上げ機能 6
　1.5　アクセシビリティを支える技術 9
　　　1.5.1　編集・制作の技術 9
　　　1.5.2　TTSと弱視者、色弱者のための技術 10
　1.6　本書の概要 12
　1.7　本書の構成 12

2章　視覚障害者等の読書と電子書籍 17
　2.1　視覚障害者等の読書 18
　2.2　ＩＣＴ技術の革新と障害者支援技術 19
　　　2.2.1　ＩＣＴ技術の革新と障害者 19
　　　2.2.2　障害者支援機器の進展 21
　2.3　海外のアクセシビリティ政策 23
　2.4　視覚障害者等の読書の方法 24
　　　2.4.1　福祉モデル：サピエと視覚障害者の読書（モデルA）.... 24
　　　2.4.2　市場モデル：市場による達成（モデルB）............. 27
　　　2.4.3　個人モデル：自炊による読書（モデルC）............. 29
　2.5　誤読・誤認識問題と国会図書館の役割 31
　2.6　視覚障害者等の読書のために 32

3章　電子書籍の登場と新展開 ... 35
3.1　電子書籍の登場 ... 36
　3.1.1　辞書・辞典から始まった電子書籍 ... 36
　3.1.2　一般書籍の電子書籍化 ... 37
3.2　電子書籍の普及 ... 38
　3.2.1　Kindleの登場 ... 38
　3.2.2　繰り返された「電子書籍元年」 ... 39
　3.2.3　電子書籍フォーマットの標準化 ... 40
3.3　多様化する電子書籍のサービス ... 41
　3.3.1　Kindle「上陸」の影響 ... 41
　3.3.2　Kindle との競合と協調 ... 43

4章　著作権からみる視覚障害者等と読書 ... 47
4.1　電子書籍アクセシビリティに関する法、制度、ガイドライン ... 48
　4.1.1　著作権法上の複製行為 ... 49
　4.1.2　権利制限 ... 50
4.2　著作権法第33条と教科書バリアフリー法およびガイドライン ... 52
　4.2.1　教科書における権利制限 ... 52
　4.2.2　教科書バリアフリー法 ... 53
　4.2.3　デジタル教科書のガイドライン ... 54
4.3　著作権法第37条と図書館ガイドライン ... 55
　4.3.1　権利制限範囲の拡大 ... 55
　4.3.2　図書館における著作権法第37条第3項対応ガイドライン ... 56
4.4　著作権法第31条第2項と資料デジタル化協議会合意文書 ... 58
　4.4.1　国立国会図書館が行う複製 ... 58
　4.4.2　資料デジタル化協議会合意文書 ... 59
4.5　米国に見る法および制度と今後の課題 ... 60

5章 図書館の障害者サービスと電子書籍 65
- 5.1 視覚障害者等の読書環境整備の変遷 66
- 5.2 公共図書館における電子書籍の提供 68
  - 5.2.1 複製データの提供 68
  - 5.2.2 複製データの製作 70
  - 5.2.3 アクセシブルな電子図書館 72
- 5.3 国立国会図書館における電子書籍の提供 74
  - 5.3.1 複製データの提供と製作 74
  - 5.3.2 画像データからテキストデータへ 75
  - 5.3.3 データベースの拡充と電子資料の配信 78
- 5.4 大学図書館における電子書籍の提供 79
  - 5.4.1 障害学生支援 79
  - 5.4.2 立命館大学図書館における取り組み 80
- 5.5 図書館とアクセシブルな電子書籍 83

6章 共同自炊型電子図書館の取り組み 91
- 6.1 視覚障害者等による共同自炊 92
- 6.2 共同自炊概要 93
  - 6.2.1 共同自炊型電子図書館実証実験（1）......................... 93
  - 6.2.2 共同自炊型電子図書館実証実験（2）......................... 95
  - 6.2.3 利用者の声 96
- 6.3 課題と展望 98

7章 ウェブアクセシビリティと電子書籍 101
- 7.1 マークアップとマークアップ言語 102
- 7.2 ウェブ標準とアクセシビリティガイドライン 103
  - 7.2.1 ウェブに関する標準化活動 103
  - 7.2.2 ウェブアクセシビリティの必要性 104
  - 7.2.3 ウェブアクセシビリティの標準化 106

7.2.4 ウェブコンテンツアクセシビリティガイドライン第2版の誕生 108
     7.3 ウェブアクセシビリティの普及と日本の対応 109
          7.3.1 世界各国での義務化 109
          7.3.2 日本におけるウェブアクセシビリティ対応 111
     7.4 ウェブアクセシビリティと電子書籍 113
          7.4.1 ウェブコンテンツとしての電子書籍 113
          7.4.2 EPUB 3アクセシビリティガイドライン 116
          7.4.3 音声読み上げに対応した電子書籍制作ガイドライン 118
     7.5 アクセシビリティガイドラインのあり方と提言 120
          7.5.1 アクセシビリティガイドラインの相互比較 120
          7.5.2 アクセシビリティ対応の義務化 122
          7.5.3 提 言 124

8章　電子書籍音声読み上げの現状と展望 127
     8.1 OSアクセシビリティ機能の調査 128
          8.1.1 iOSの音声読み上げ機能 128
          8.1.2 評価対象および評価方法 129
          8.1.3 誤読発生の調査 132
          8.1.4 修正可能な誤読調査 137
     8.2 SSMLをどこまで導入するか 139
     8.3 アクセシブルな電子書籍とSSML 140

9章　アクセシブルな電子書籍普及への課題と展望 143
     9.1 アクセシブルな電子書籍へ 144
     9.2 アクセシビリティ実現のための産学官の役割 146
          9.2.1 電子書籍を巡る法律の整備 146
          9.2.2 デジタル教科書と電子書籍 149
          9.2.3 アクセシブルな電子書籍への技術開発支援 151
     9.3 障害者差別解消法と電子書籍 152

9.3.1 図書館設置主体で異なる対応方法 152
9.3.2 出版社の対応 153
9.3.3 アクセシブルな電子書籍の普及の課題と展望 155

結びにかえて 158

参考文献 162

索　引 169

本書は、紙の書籍と電子書籍を一つのデータから同時に作成することを前提に、執筆、編集を行った。また、電子書籍版では、iOS, Android のOSの支援機能を用いて、自動音声読み上げに対応させるために、honto だけでなく、Kindle Store からも公刊することとした。また、その音声読み上げにおいて、できる限り誤読を避けるために、以下の編集上の工夫を行った。

1．音声読み上げに対応しない図表については、本文中にその図表の内容を叙述した。
2．図表タイトルの配置について、音声読み上げの順序を考慮し、図表の上とした。
3．図表中の数値データについては、%や、箇所、ページなどの単位や助数詞を各セルごとに挿入した。
4．数字は原則として算用数字を用いたが、「一つ」「二つ」など訓読みの場合などは漢数字を用いた。

　こういった編集上の作業をふまえて、出来上がった原稿を、iOS（バージョン10.0.2）の支援機能であるVoice Over を用いて実際に音声読み上げを行った。その結果、約400箇所の誤読が確認された。その中で、たとえば「合成音」は「ごうせいおと」と読み上げたため、それを「合成音声」に置き換えたところ「ごうせいおんせい」と正確に読み上げた。また漢字表記の「松原聡」は「まつばらさとる」が正しい読みであるが、「まつばらさとし」と読み上げられた。本文では、「松原聡（さとる）」のように、誤読が見られた漢字表記のあとに、括弧書きで正しい読みを付け加えた。この結果、「まつばらさとしさとる」と読み上げられることになった。固有名詞などの誤読については、同様の対応を行った。
　また、「0.20」は「ぜろどっとにじゅう」と読み上げられた。これは、小数点を「カンマ」にすることで正しい読み上げができることが確認されたので、電子書籍で正しく音声読み上げがなされることを優先して、「0,20」と表記した。この結果「ぜろてんにいぜろ」と正確に読み上げられた。他の少数表記についても、同様の対応を行った。また、「ICT」は「あいくと」と誤読された。文字間に半角スペースを挿入したところ、正しく「あいしーてぃー」と読み上げた。こういった欧文略語の誤読には、可能の限り同様の対応を行った。
　さらに、図表の一部では、一つの行の連続したセルのデータが連続して読み上げられたため、それぞれのセルの最後に「読点」を入れたところ、間を開けて読み上げられた。図表については、行末などに「読点」を挿入する対応を行った。
　ただし索引は、電子書籍ではリフロー機能によりページ番号が定まらないので、ページ情報を割愛し、電子書籍版では「重要用語一覧」とした。さらに紙版にて各章末に記した註釈について、電子書籍版ではリンク設定を行った。すなわち、本文の註釈番号から註釈本文の行頭にある番号部分へ付け、本文に戻る復路については、該当する註釈本文の末尾に、文字列「本文に戻る」を付け加え、この文字列部分に対して、本文の戻り位置に帰る設定を施した。

1章
視覚障害者等と電子書籍のアクセシビリティ

松原　聡（さとる）
東洋大学教授

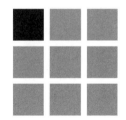

1.1 障害者差別解消法の施行と電子書籍

　2016年4月、日本で障害者差別解消法（障害を理由とする差別の解消の推進に関する法律、平成25年（2013年）法律第65号）が施行された。長く成立・施行が求められていたこの法律が実際に施行されたことは、日本の障害者政策を見る上では画期的なことである。

　この法律によって、障害を持つ当事者が、例えば紙の書籍を読書しようとする場合に、自らが紙の書籍を利用できないことを「社会的障壁」として、その除去を求めることができることになる。この求めに対して、「行政機関等」は「社会的障壁の除去の実施について必要かつ合理的な配慮をしなければならない」とされ（同法第7条第2項）、民間の事業者もその配慮を行う努力義務（同法第8条第2項）が課せられる。

　本書の対象である書籍についてみれば、公共図書館、国立大学図書館は行政機関であり、私立大学図書館や、出版社は民間事業者となる。これらは紙の書籍を利用できないことが「社会的障壁」であるとして、障害を持つ当事者から障壁の除去の要求が出た場合、義務か努力義務かの違いはあっても、一定の対応が必要となる。

　その対応には、紙の書籍を電子化して音声読み上げ対応にすることや、人の声による読み上げ、点字化などがある。しかし今、電子書籍の普及が著しい。この電子書籍の持つ音声読み上げや文字拡大機能を活用することが、紙の書籍を利用したいという障害者への対応としては有力な手段の一つとなる。

　しかし図書館等で、視覚障害者等のために紙の書籍を電子化する場合、著作権法第37条第3項により、著作権者の許諾なしに電子化は可能であるが、紙の書籍をスキャンし、OCR（光学文字認識）にかけ、正確なテキストデータを抽出し、さらに誤読の修正を行うといった膨大な手間、費用がかかる。だが、当初から紙の書籍が電子書籍としても公刊されていれば、図書館等はその作業から開放されることになる。

　しかし、新刊の紙のすべての書籍について、電子書籍が同時に公刊されているわけではない。さらに、電子書籍すべてが、音声読み上げや文字拡大に対応した

アクセシブルなものではない。本書は、紙の書籍の利用が困難な方に、図書館等が既刊の紙の書籍をアクセシブルな電子書籍化する手法を研究するとともに、新たに発行される書籍が当初からアクセシブルな電子書籍として出版される環境を整備し、より多くの方に読書の機会を確保することを目標とした、多くの研究から得られた知見をまとめたものである。

1.2 「視覚障害者等」の定義

「紙の書籍の利用が困難な方」とは誰か、の定義の確認が求められるのは、視覚障害に限らず、実際に紙の書籍の利用が困難な方すべてを法律的に、制度的に支援の対象とする必要があるからである。日本においては、著作権法で「視覚障害者その他視覚による表現の認識に障害のある者」（著作権法第37条第3項）を対象に、著作者の許諾なしに紙の書籍の点字化などの対応が認められてきた。これが日本における、「紙の書籍の利用が困難な方」の法律上の定義となる。

一方、国際的には、2013年6月に成立したWIPO（ワイポ、世界知的所有権機関）のマラケシュ条約[1] 第3条において以下のように定義されている。

「(a) 全盲の者、(b) 視覚的な機能障害、または知覚もしくは読みに関する障害のない者と実質的に同等の視覚機能を与えるための改善ができない、視覚的な機能障害、または知覚もしくは読みに関する障害がある者で、そのために印刷された著作物を機能障害または障害のない者と実質的に同程度には読むことができない者、(c) それ以外の、身体障害により本を持っていることや扱うことができない者、あるいは両目の焦点を合わせることや両目を動かすことが、読むために通常必要な条件を満たせるほどにはできない者、ただし、その他の障害の有無は問わない。」[2]

このマラケシュ条約でprint disabled（ディスエイブルド）とされる、全盲、視覚障害、読字障害、身体障害等の方が、「紙の書籍の利用が困難な方」の国際的な定義となっている。

日本において著作権法第37条第3項に規定される「視覚障害者その他視覚による表現の認識に障害のある者」では、「視覚による」と限定されているため、

例えば上肢障害などで紙の書籍の利用が難しいかたは、この対象にならない可能性がある。しかし、2010年2月、国公私立（こっこうしりつ）大学図書館協力委員会、公益社団法人全国学校図書館協議会、全国公共図書館協議会、専門図書館協議会、公益社団法人日本図書館協会が、「図書館の障害者サービスにおける著作権法第37条第3項に基づく著作物の複製等に関するガイドライン」を定めた。ここでは、視覚障害以外に、聴覚障害、肢体障害、精神障害、知的障害、内部障害、発達障害、学習障害、いわゆる「寝たきり」の状態、一過性の障害、入院患者、その他図書館が認めた障害を、著作権法第37条第3項の対象として具体的に規定している。この法律のより幅広い解釈を示したものであり、マラケシュ条約のprint disabled（ディスエイブルド）に近い定義である。日本では、「紙の書籍の利用が困難な方」の定義が、著作権法による「視覚による」に限定したものと、図書館協会等による上肢障害等を含めたより広義のものとが併存している状況にある。本書では、特に断りのない限り、紙の書籍の利用が困難な方を広く対象とするため、このガイドラインに基づいて定義し、「視覚障害者等」の用語をあてることとする。[3]

1.3 電子書籍のアクセシビリティ

電子書籍のアクセシビリティは、電子書籍の普及とともに注目を集めている。例えば、総務省「平成22年度新ＩＣＴ利活用サービス創出支援事業」において、一般社団法人電子出版制作・流通協議会が受託したプロジェクトが「アクセシビリティを考慮した電子出版サービスの実現」[4]であった。

電子書籍には、さまざまな規格があるが、アクセシビリティに注目すると、音声読み上げに対応できるか否か、文字の拡大・縮小で自動で行送りされるか否か（以下、リフロー対応）の4通りとなる。アクセシビリティの観点からは、音声読み上げ、リフローの双方への対応が望ましいが、日本の場合は、リフローには対応が進んでいるものの、音声読み上げへの対応はごくわずかである。米国では、Kindle StoreやiBooks Storeなどの電子書籍ストアで、電子書籍が音声読み上げ、リフローによる文字拡大に対応している。

1.3 電子書籍のアクセシビリティ

青木の 2014 年の調査[5]によれば、電子書籍販売の売上げ上位 711 点のフォーマットで、E PUB リフローが 54,1％、Kindle リフローが 25,9％である。Kindle は「実質的に E PUB 形式と同等」[6]なので、両者を合わせると 80,0％が E PUB リフロー対応、つまりアクセシビリティ対応可能となっていたことになる。しかし、日本語音声読み上げ対応は、その Kindle リフローを、iOS、Android のデバイス上において Kindle アプリで再生するケースに限られる。

さて、電子書籍については、新たに電子書籍として公刊されるもの（ボーンデジタル）と、過去に紙の書籍として出版されたものを電子書籍として再版するもの、そして、利用者が個別に紙の書籍を電子化するもの（自炊）の三つの形式がある。電子書籍としての新刊や、既存の紙の書籍の電子書籍としての再版については、アクセシビリティの観点からは、いかにして TTS（音声合成）やリフロー対応の形式で公刊するかが課題となる。一方、個別の電子化では、「著作物の複製」という著作権の問題が生じる。その個別の書籍化では、利用者が個人で利用する範囲であれば、著作権者の許諾は不要である。だがその複製物（ふくせいぶつ）の貸し出しや共有は許されていない。

視覚障害者等の要望によって、図書館等が紙の書籍を、TTS、リフロー対応の形で電子化し、その電子データを貸し出したり自動公衆送信したりすることは、現在、幾度かの著作権法の改正を経て、著作権者の許諾を必要としない。

視覚障害者等の要望による紙の書籍の電子化には、基本的に二つの方法がある。一つは、出版社などから書籍のデータを入手する方法である。そもそも、出版プロセスが DTP 化しているので、データの提供を受ければよいのである。ただし、紙の書籍を作るための書籍データの多くはインデザイン形式を取っており、そのままでは TTS などに対応できないという問題は残る。また、多くの出版社が、テキストデータの提供には、その手間や、そのデータの違法な流通を懸念してきわめて消極的である。

もう一つは、紙の書籍をスキャニングして PDF にし、それを OCR（光学文字認識）でテキストデータにする方法である。まず、スキャンの段階で、一般には紙の書籍を裁断する必要がある。裁断しないで、人手によるスキャンを行うとなると多大な時間がかかることはいうまでもない。さらに、スキャンした PDF データ

を、音声読み上げなどに対応させるために、OCR でテキスト化する際には、複雑な形象の漢字は、まだ正確な変換が難しい状態にある。OCR でテキスト化したデータを、原本と照らし合わせて修正するのに、さらに大きな時間とコストがかかる。一般の図書館が、視覚障害者等のために紙の書籍をテキスト化して、誤読のない TTS 対応にするためには、1冊について1か月以上の期間と、10万円以上の費用がかかる、と言われている。

　ところで、サピエ図書館では視覚障害者等の個人会員1万三千人以上が直接利用し、音声 DAISY（デイジー）データ5万タイトル以上がパソコンや携帯電話によってダウンロードできる状態である。また、大学図書館でも、視覚障害者等の対応の一環として蔵書の電子化への取り組みが一部ではあるが始まっている。例えば立命館大学図書館では、自校の視覚障害者等の学生、院生らの求めに応じて、印刷資料の音声読み上げ対応型電子書籍化を進めており、すでに数百点の実績を有する。しかし、本書第5章で詳しく論じるが、この手法では、紙の書籍の読み取り（スキャニング）、OCR、そのテキスト化したデータの音声読み上げの修正等に、多大な人手と時間を要する。

　一方、サピエでは5万タイトルの音声 DAISY（デイジー）データを揃えているとは言え、視覚障害者等が求める本がすべて揃っているわけではない。そこで、第6章で論ずるが、視覚障害者等がグループを作り、購入した紙の書籍を提供し合い、音声読み上げ対応型電子書籍化へ向けて実証実験が進められてきている。ここでは、できあがった電子書籍をグループで共有し、さらにその修正作業を共同で進めている。

　このように、紙の書籍を音声読み上げ対応型電子書籍にするために、さまざまな試みが進められてきている。しかし、実際に多くの視覚障害者等のニーズに対応するには、未だ不十分な状況にある。

1.4　電子書籍の日本語音声読み上げ機能

　現在、多くの書籍が、紙の書籍とともに電子書籍としても出版されるようになってきた。米国では、第二世代の Kindle から、ほぼすべての電子書籍が音声読

み上げに対応している。声は男女の2種類、スピードは3段階、合計六つの中から選べるようになっている。これらの書籍については、電子データ提供も、自炊やOCRも必要なく、TTSに対応済みである。このように電子書籍は、本来、音声読み上げや文字拡大が可能なものであるが、日本では、十分にその機能を発揮できているとは言えない現状である。

その理由の一つに、日本語の特殊性が挙げられてきた。英語などの文字数が数十に限られる表音文字語とは違い、表意文字語である日本語では、漢字、仮名など数千もの文字を持ち、一つの単語に複数の読みがある場合も多く、音声読み上げには困難が伴う。

宇宙の「宙」を「そら」と読ませたいときにどうするか、が、日本語電子書籍の音声読み上げが困難であることの例として、繰り返し語られてきた。そのためには、「宙」に「そら」という読みを割り当てる必要がある。すべての漢字に読みを割り振るSSML（音声合成マークアップ言語）という技術を使えば、これが可能となるが、未だ実用化に至っていない。

しかし、Kindleストアで販売される50万タイトルの日本語の電子書籍の中で、音声読み上げや、文字拡大・文字送り（リフロー）に対応するものについては、iPhone、iPad、Android端末などのOSのアクセシビリティ機能を使うことで、音声読み上げが可能となっている。もちろん、この音声読み上げには誤読がつきまとう。詳細は第8章で論ずるが、現段階でも一定の質を有する読み上げが実現されている。

米国では、1973年のリハビリテーション法第501条から第504条において、連邦職員の雇用や、連邦政府資金で建てられる建物、連邦政府の資金を受けて行われるプログラムなどにおける障害者差別の禁止や、アクセシビリティの確保が義務づけられた。また、1986年には、電子・情報技術についての差別禁止が努力義務とされる第508条が追加された。

この第508条は1996年に強化され、連邦政府機関はこの法律で定められる「アクセシビリティ・スタンダード」に準拠した製品以外の調達が禁止されることになった。この「スタンダード」は、2001年6月に定められている。

一方、日本では米国の1973年のリハビリテーション法に40年以上遅れて、

2016年4月、ようやく障害者差別解消法が施行された。また、国連による障害者権利条約が、2006年12月に第61回国連総会において採択され、日本政府も2007年9月に署名している。この条約は、2008年4月までに中国、サウジアラビアも含む20か国が批准し、2008年5月に発効した。しかし、日本では、批准は世界主要国の中で最も遅い2013年12月となった。

この遅れは、電子書籍のアクセシビリティ対応の遅れに明確に表れている。とりわけ国際的に早い時期から障害者差別の解消に取り組み、社会的な制度が作り上げられた米国では、電子書籍のアクセシビリティ対応が大きく進み、音声読み上げなどは事実上標準仕様となっている。

現在の、日本の電子書籍ストアとラインナップ数を示したものが図表1.1である。[7]

そして、図表1.2は現在日本で利用可能な音声読み上げ対応の電子書籍を示したものであるが、ラインナップ数2位のKindle、4位の楽天Kobo以外の、hontoなどの国内企業の電子書籍ストアで購入した書籍は、音声読み上げを利用できないことを示している。

図表1.1　日本の主な電子書籍ストアと電子書籍ラインナップ数

1位	honto	655,054タイトル、	2位	Kindle	501,674タイトル、
3位	ebook Japan	421,680タイトル、	4位	楽天Kobo電子書籍ストア	385,882タイトル、
5位	Reader Store	325,081タイトル、	6位	GARAPAGOS STORE（ガラパゴス ストア）	317,451タイトル、
7位	ヤフーブックストア	316,695タイトル、	8位	Book Walker	280,597タイトル、
9位	yodobashi.com	278,840タイトル、	10位	Book Place	264,948タイトル、
11位	紀伊國屋書店 Kinoppy	259,850タイトル、	12位	BookLive	189,363タイトル、
13位	コミックシーモア	166,584タイトル、	14位	電子文庫パブリ	71,307タイトル、
15位	パピレス	47,968タイトル、			

（2016年5月　筆者調査）

図表 1.2　音声読み上げ対応状況

Kindle	AndroidとiOSの両方に対応。専用端末はオプションにて対応。
iBooks Store	iOSのみ対応。
Google play books	AndroidとiOSの両方に対応。
楽天Kobo	iOSのみ対応。
honto	非対応。
Reader Store	非対応。

1.5　アクセシビリティを支える技術

1.5.1　編集・制作の技術

(1) 制作規格（フォーマット）：DTP から EPUB へ

　現在の電子書籍が普及する前には、出版物を制作する過程がまずデジタル化された。それが DTP である。電子書籍のフォーマットは数多く存在するが、大きく分けると DTP の流れを組む XMDF、.book（ドットブック）とウェブコンテンツの流れである EPUB に分けることができる。3章にて後述する三省懇（さんしょうこん）[8] では電子書籍を普及させるためには、ファイルフォーマットの標準化や技術仕様の公開を推進する必要があると結論づけている。オープンなフォーマットが確立されれば、電子書籍制作におけるコストの削減、時間の短縮、さまざまな端末や電子書籍ストアへの電子書籍の提供など、大きな効果が期待できる。

(2) 視覚障害者等に必要なデータ形式

　視覚障害者等と言っても、さまざまな立場を想定しなければならないが、基本的な要件としては、書籍の内容がテキストデータ化されていることが必要である。テキストデータがあれば、音声合成ソフトウェアを利用して文字を音声化して読むことができる。また点字に変換（点訳）する場合であっても、テキストデータがあれば、変換作業は相当軽減される。

　アクセシビリティの観点から、今後の出版業界では、テキストデータを基礎デ

ータとしたコンテンツ制作が重要視され、かつ音声化も視野に入れた出版編集技術の確立が急務となる。アクセシビリティを考慮した電子書籍を実現するためには、電子書籍の制作過程における編集ツールの整備が必要である。本文を編集する際、音声による校正作業を導入することで、同時に音声付加テキスト（音声読み上げ対応の文章）を制作することが可能となる。文章自体をEPUBのようなXML構造化文書で記載すれば、音声付加情報をSMIL[9]（スマイル）と連動させることができ、EPUB/TTSやオーディオブックの生成が比較的簡単に行えるようになる。また、EPUB/TTSは、DAISY（デイジー）との互換性があるため、マルチメディアDAISY（デイジー）への変換が可能である。

　さらに、音声付加情報から、読みデータを生成できるので、点字プリンタや点字ディスプレイへの出力が可能となり、よりアクセシビリティを考慮した電子書籍の制作が可能となる。

1.5.2　TTSと弱視者、色弱者のための技術

　テキスト文字を人工的に作り出した音声で読み上げする技術を音声合成という。音声合成はテキストを音声にすることからText to Speechと呼ばれ、一般にTTSと言われている。最近の音声合成技術では、漢字かな混じり文のテキスト情報から、単語間の関連性データを参照しながら読みを正確に判定し、肉声感の高い音声読み上げが可能である。今後は肉声感の高い音声から、さまざまな状況に応じた音声を生成することに対応できるであろう。

　視覚障害者等のための、コンピュータ画面や文章の読み上げに効力を発揮する音声合成の技術であるが、市販されている音声合成ソフトウェア（以下、音声合成エンジン）にはまだまだ欠点がある。漢字をコンピュータ上で表現するにはコード化しなければならないが、コード化されたすべての漢字をきちんと読むことができる音声合成エンジンはまだ存在しない。現在の主流は、JIS X 0208（一般に、第一及び第二水準と呼ばれている）にしか対応していない。現在出版されている多くの書籍は、JIS X 0213を基準に制作されていることを考えると、音声合成エンジンの対応する漢字辞書の拡張を早急に行うべきであろう。

(1)　弱視の方のための技術（ロービジョンケア）

一般に弱視と呼ばれている読書困難者がいる。これらの方々のうち、特に学生や児童を支援するために、視覚特別支援学校では拡大教科書、大活字本、点字書籍などの紙をベースにした書物のほか、一般の書籍を拡大する拡大読書器や拡大鏡（弱視レンズ）を利用した読書の方法を提供している。拡大教科書や大活字本は通常の書籍に使うフォントの大きさを数倍から数十倍にして表現する書籍である。一方、拡大読書器は、書籍の紙面をスキャナやカメラで読み取り、その情報を画面に拡大表示する機器である。その他に、タイポスコープや罫線スリットなどは、視野狭窄などで一部の視野が欠損している人に対して、文章の位置を明確にして、読みたい部分のコントラストを向上させる効果がある。文字を明確にする方法として、白黒反転コピーという方法がある。この方法はコピー機の白黒反転機能を使い、黒地に白の文字にすると、コントラストの明暗が明確になり、読みやすくなる傾向がある。ただし、こうした機器を誰でも利用できる環境が整っているところはそれほど多くはない。

　アクセシビリティを考慮した電子書籍が実現できれば、文字の拡大や白黒反転、音声合成を利用した読み上げなど視覚障害者等に優しい読書環境の提供が可能となる。

(2)　色弱者等のための技術（カラーユニバーサルデザイン）

　"色"は、意味としての情報、感性表現としての情報の伝達手段として利用されている。しかし、色覚の多様性についての一般の認知度は低い。色覚正常（一般色覚）の人には、色が情報の伝達手段の役割を果たすが、色覚異常（色弱）の人には、色の違いによる情報が伝達されない。一般的に色弱の人（色弱者）は、世界で2億人を超えると考えられており、日本全体では約300万人以上と言われている。白内障や糖尿病性網膜症、網膜色素変性症などの疾患で視力が低下するロービジョンの人は、視力だけではなく、色の見え方にも配慮が必要である。こうした後天的原因により生じるロービジョンの色覚異常の人を加えると、500万人以上が色弱者に含まれることになる。

　色弱者を支援するためには、混同色（こんどうしょく）軌跡を用いた色変換や、同じ色相で明るさや濃度を変える方法、テロップ文字と背景とのコントラスト差を大きくするなどの色の変化を利用した方法などがある。カラーユニバーサルデ

ザイン機構やメディアユニバーサルデザイン協会が進める「誰でも見やすい色のデザイン」化が、色弱者にとって重要な技術となるであろう。

1.6　本書の概要

　2013年6月、障害者差別解消法が成立して、さらに同年12月国連障害者権利条約が批准され、2016年4月障害者差別解消法が施行されることになって、ようやく日本においても、本書のテーマに限って言えば、「視覚障害者等」への読書の機会の提供に、社会をあげて本格的に取り組まなければならない時期が来た。

　すでにみたように、「視覚障害者等」への読書の機会の提供には、点字化、人の声による音読などさまざまな方法があるが、電子書籍の音声読み上げ機能の利用はその中でも有力な方法である。この間の、電子書籍の音声読み上げ技術の進展は著しい。しかし、すでに紙で出版された既刊書を音声読み上げ対応の電子書籍にするには、膨大な手間と費用がかかる。新たに出版されるすべての新刊書籍が、音声読み上げ対応型電子書籍としても出版されることが望ましい。このためには、すべての電子書籍ストアが音声読み上げに対応することが望まれ、また、音声読み上げの精度の向上が求められる。

　さらにこのことで、視覚障害者等のためだけではなく、老眼が進行して読書が困難になってきたかたや、満員電車など移動中に紙の書籍での読書が困難な場面での利用など、多くの聴読のニーズに対応できることになる。

　障害者差別解消法の施行を受けて、書籍のアクセシブルな電子書籍としての公刊、そして既刊の紙の書籍をアクセシブルな電子書籍にする社会的需要は、今後、間違いなく高まっていくであろう。以降の各章において、「視覚障害者等」への読書の機会の提供を、アクセシブルな電子書籍を中心に検討してゆく。

1.7　本書の構成

　視覚障害者等が、書籍をアクセシブルな電子書籍として利用するためには、二つの方法がある。一つは、書籍が当初からアクセシブルな電子書籍として公刊さ

れることである。もう一つは、電子書籍が公刊されていない紙の書籍を、何らかの形で電子化する方法である。その中には、個人で紙の書籍をスキャンしOCRにかけてテキスト化するといった手法もある。これは「自炊」と呼ばれ、それを代行する事業者もある。これは、第2章4.3項で述べる。

また、図書館が利用者の求めに応じて、蔵書を電子化して利用者に提供するケースもある。これは第5章で論ずる。さらに、視覚障害者等が読みたい紙の書籍を持ち寄り、それを自炊することでアクセシブルな電子書籍化して共同で利用するという試みがある。これについては第6章で扱う。

さて、本書の全体構成であるが、まず本章で全体像の把握と定義づけを行い、引き続き第2章「視覚障害者等の読書と電子書籍」で、ここまで視覚障害者等がさまざまな方法で読書を行ってきたことを整理し、電子書籍での読書の意義を明らかにする。

第3章「電子書籍の登場と新展開」で電子書籍が定着しつつある状況を、Kindleを軸に明らかにしていく。電子書籍は、現在の日本で十分にその機能が活かされてはいないが、音声読み上げ、文字拡大などの高いアクセシビリティを実現する機能を有している。電子書籍のアクセシビリティを高めるためには、その電子書籍自体が一般に普及することが必要不可欠である。

第4章「著作権からみる障害者等と読書」では、主として紙で出版された書籍の著作権について、視覚障害者等のために電子化する際の制限について論じる。書籍の複製は、原則的に著作権者の許諾なしに行うことはできないが、視覚障害者等の利用のためには、その許諾が不要となっている。電子書籍の普及とともに、そのアクセシビリティ機能の利用について、著作権法などでの対応が進められてきた経緯について見ていく。

第5章「図書館の障害者サービスと電子書籍」では、国立国会図書館などにおける蔵書電子化の動き、さらに大学図書館などにおける、視覚障害者等への対応での蔵書電子化の実績などを紹介する。電子書籍の普及とともに求められる図書館のあり方とともに、その障害者対応の課題を論じる。

第6章「共同自炊型電子図書館の取り組み」では、第4章で論じる視覚障害者等への著作権の特例措置にもかかわらず、障害者が活用できる電子書籍が十分に

揃っていない現状に対して、視覚障害者等が自主的に紙の書籍の電子化に取り組む事例を紹介する。

　第7章「ウェブアクセシビリティと電子書籍」では、電子書籍のアクセシビリティに先行して、インターネットの普及とともに進められたウェブでのアクセシビリティの確保の経緯などを明らかにした上で、電子書籍へのその援用の可能性について論ずる。

　第8章「電子書籍音声読み上げの現状と展望」では、複数の読みがある漢字の音声読み上げの現状を詳細に調査し、より正確に読み上げるための技術（SSML）について研究し、アクセシブルな電子書籍のあり方について論ずる。

　そして、第9章「アクセシブルな電子書籍普及への課題と展望」において、アクセシブルな電子書籍の普及に向けての技術的課題や、政策的な援助のあり方について論じ、アクセシブルな電子書籍の普及を展望していく。

　本書は、すでに述べたように電子書籍のアクセシビリティ機能を活用し、視覚障害者等への読書の機会を確保するための条件などを論じたものである。その中で、紙で出版された書籍をよりスムーズに電子書籍化するための制度などに言及した。さらに、今後出版される電子書籍そのものがアクセシビリティを確保したものになる方策についても論じている。本書をもって、視覚障害者等も健常者もともに、電子書籍が本来持つアクセシビリティ機能を十分に活用できる条件が整えられることを期待している。

　なお本書は、紙の書籍とともに、音声読み上げ対応の電子書籍を公刊することを前提に執筆されている。その音声読み上げの際に生じる誤読を、できる限り避けるために、誤読が生じにくい表現をあえて採用したところもあることを付記しておく。

註
1) 盲人，視覚障害者及び読字障害者，その他読書困難者の出版物へのアクセス促進のためのマラケシュ条約（Marrakesh Treaty to Facilitate Access to Published Works

for Persons who are Blind, Visually Impaired, or otherwise Print Disabled) http://www.wipo.int/treaties/en/ip/marrakesh/　2015年6月10日アクセス。
2) A beneficiary person is a person who:(a) is blind; (b) has a visual impairment or a perceptual or reading disability which cannot be improved to give visual function substantially equivalent to that of a person who has no such impairment or disability and so is unable to read printed works to substantially the same degree as a person without an impairment or disability; or (c) is otherwise unable, through physical disability, to hold or manipulate a book or to focus or move the eyes to the extent that would be normally acceptable for reading; regardless of any other disabilities.
3) 松原洋子[2015]「アクセシブルな電子図書館と読書困難な学生の支援-日本における大学図書館サービスの課題と展望」『立命館人間科学研究』(31)、pp.65-73。
4) 共同提案者に、株式会社電通、京セラ丸善システムインテグレーション株式会社、株式会社日立コンサルティング。共同開発者に、京セラコミュニケーションシステム株式会社、ソニー株式会社、株式会社インプレスR&D、アクシスソフト株式会社。
5) 青木千帆子（ちほこ）[2015]「2014年電子書籍フォーマットのアクセシビリティ対応状況に関する実態調査」http://www.arsvi.com/2010/1502ac.htm　2015年6月10日アクセス。
6) 同上、「本調査の対象となったKindle形式のファイルは、リフロー、フィックスともに、E PUB形式のファイルを元に変換したものであり、実質的にE PUB形式と同等であるという回答が寄せられている。」
7) 1. honto電子書籍ストアのジャンルすべての合計数　2. Kindleストアの「Kindle本」の合計数　3. ebook Japanのジャンル一覧の合計数　4. 楽天Koboの電子書籍のジャンルの合計（洋書は除く）　5. Reader Storeのヘッダーにある配信冊数の数字　6. GARAPAGOS STORE（ガラパゴス ストア）の検索ジャンル「書籍」「コミック」「雑誌」の合計数　7. ヤフーブックストアのサイトのヘッターにある配信冊数　8. Book Walkerのサイトのヘッターにある配信数　9. yodobashi.comの「電子書籍」のカテゴリーの合計数　10. Book Placeのジャンルの合計数　11. 紀伊國屋書店の電子書籍で条件を入れないで検索した数　12. BookLiveの検索ジャンルの合計数　13. コミックシーモアのカテゴリーの合計数　14. 電子文庫パブリの「一般書籍」と「コミック」の検索結果の合計数　15. パピレスのジャンル検索の合計数。
8) 総務省・文部科学省・経済産業省による「デジタル・ネットワーク社会における出版物の利活用の推進に関する懇談会」http://www.soumu.go.jp/main_sosiki/kenkyu/shuppan/　2015年6月10日アクセス。
9) Synchronized Multimedia Integration Language. 動画、静止画、音声、音楽、文字など、様々な形式のデータの再生を制御して同期させることができるXMLベースのマークアップ言語。

2章
視覚障害者等の読書と電子書籍

石川 准
静岡県立大学教授

紙の書籍の利用が困難な視覚障害者等が読書を行うためには、その紙の書籍を音読したり点字にして利用するなど、さまざまな手法がある。本章では、その方法を整理した上で、電子書籍の音声読み上げ機能を利用する読書の意義を明らかにしていく。

2.1　視覚障害者等の読書

視覚障害者等が電子書籍などのデジタルデータを用い、読書実現に至る経路は、大きく以下の三つに分類できる。

A. 主にボランティアの作成した音訳、点訳、DAISY（デイジー）など、媒体変換された資料を図書館、サピエ（後述）、NPOなどを通じて利用する方法
B. Amazon社のKindleストアやApple社のiBooks StoreなどiOSのVoiceOverあるいはAndroidのTalkBack対応の電子書籍ストアを通じて利用する方法
C. 自ら紙の書籍を購入し、これを裁断、スキャニングし、OCR（光学文字認識）をかけることで、テキストデータを作成し、利用する方法

以後、それぞれの経路について詳しく見ていくが、Aは社会的な共助と公助を前提とする経路であることから「福祉モデル」、Bは達成のためにDRM（デジタル著作権管理）や読み上げ対応など市場メカニズムに依存する経路であることから「市場モデル」、そしてCを「個人モデル」とそれぞれ位置づける。

残念ながら、視覚障害者等による読書環境を考える上では、何か一つの、優れた解があるというわけではなく、現時点においてはこれらの経路はいずれも、健常者にとっての「本を本屋で買う、図書館で本を借りる」というような体験の近似にはなり得ない。例えば、テキストデータの正確さを期待するならばAであるが、これには媒体変換に要する時間をまたなくてはならず、話題からタイムラグが生じるし、人気の書籍は優先的に扱われても、必ずしも自分の読みたい本がすぐに媒体変換されるとも限らない。

一方、入手したいと考えた時から実際に入手するまでの速度に期待するならばBとなるが、電子書籍市場は未だ普及期であるため、過去のものまで含めた紙の図書と同様のラインナップとはならないし、すべての本が読み上げに対応しているわけでもない。また、即時かつ多様なニーズとのマッチングが成立する点に期

待すると最終的にはCが選択肢となるが、データの正確性は最も低くなる。このように、それぞれのモデルに課題があるし、現状では、それぞれのモデルが補完し合う関係にある。

　本章ではまず、従来視覚障害者がどのような経路で読書を実現してきたかについて論述するが、視覚障害者の読書経路を見ていく上では、いくつかの前提となる技術と制度における変遷を追う必要がある。

2.2　ＩＣＴ技術の革新と障害者支援技術

2.2.1　ＩＣＴ技術の革新と障害者

　この30年のコンピュータとインターネットの進歩と普及は、視覚障害者等の生活を劇的に変えたといえる。視覚障害者等がＩＴを活用することで、情報からの疎外が解消されつつある。その結果、ある程度の人的サポートがあれば、本格的な仕事ができる時代になった。ＩＴ技術が社会にもたらした変化は、障害者の生活にも及んでいる。いや、むしろ障害者の生活に対していっそう劇的な変化をもたらしているといえる。

　この分野の開発は元々DIY（Do It Yourself）、すなわち「自分たちの道具は自分たちで作る」精神によるものであり、根底には「今日できないことを明日できるようにしたい」という視覚障害当事者の思いがある。この、「自分たちの道具は自分たちで作る」という観点から、筆者はこれまで自ら、あるいは海外の業者との協力によって、支援技術製品を開発または日本仕様化してきた。自動点訳を行うEXTRA for Windows、Windows パソコンの画面を読み上げるJAWS for Windowsというスクリーンリーダー、点字携帯端末のブレイルセンス、GPS歩行ナビアプリなど分野は多岐にわたる。

　こうした開発を通じて言えることは、情報へのアクセシビリティ、すなわちアクセスしやすさ、利用しやすさというものは、ユニバーサルデザインと支援技術の共同作業により実現するものだということであり、どちらか一方だけではうまくいかないということである。

　例えば、コンピュータを介した読書の実現に大きく寄与したものに、スクリー

ンリーダーの性能向上があげられる。Windowsスクリーンリーダーは、視覚障害者がWindowsパソコンを使うことを支援する画面読み上げソフトであり、現代における最重要の支援技術である。スクリーンリーダーはそれまで健常者にとってのツールであったパソコンの操作および情報の送受を、「画面上の文字データを音声合成により読み上げる」ことによって視覚障害者においても実現したのである。具体的には、Windows OSの各種操作の音声読み上げや、Word、Excel、Internet Explorer、Firefox、Acrobat Readerなどの主要アプリの音声読み上げ、IME入力を含むキーボード入力の読み上げ等を実現している。

　しかし、Windows95当時の初期のスクリーンリーダーは画面の文字を「ハッキング」的な手法により取得して読み上げていた。そのような実情は膨大なつじつま合わせであるとも言える。読み上げ機能は限定的であり、あるいは不確実であり、パソコンを自在に操作できるようにしたいという願いからはほど遠いものであった。先にも述べた「ユニバーサルデザイン」、すなわちOSや各アプリケーションがアクセシビリティに配慮した設計になっているかが、読み上げの性能に決定的な違いをもたらすのである。スクリーンリーダーという支援技術の登場を前提として、OSやアプリケーション側がスクリーンリーダーの存在を意識し、それと連携すること、つまりOSの設計、個々のアプリケーションの開発、さらには各種データフォーマットの設計段階から、ユニバーサルデザイン的思想を持った共同作業が必須となるのである。

　この流れは近年より顕著となっており、従来、Windows OS向けのスクリーンリーダーの開発は支援技術ベンダーが行ってきたものを、昨今はOSメーカーが標準搭載するようにもなってきた。特に、スマートフォンには高機能のスクリーンリーダーが標準搭載される時代となり、iOSやAndroidなどのモバイルOSでは、VoiceOverやTalkBackといったスクリーンリーダーが利用可能となっている。また、現段階では日本語点字への対応はまだ実現できていないが、点字携帯端末をスマートフォンに接続することもできる。このことにより、アプリ開発者がアクセシビリティに配慮して開発を行えば、障害のある人もない人もユニバーサルに利用可能なアプリケーションを開発することができる。これらは、パソコンやスマートフォンといった一般的なデバイスを、視覚障害者にも利用可能とす

るアプローチである。

2.2.2 障害者支援機器の進展

また、支援機器の分野では、「ブレイルセンス」など、障害者の利用に特化した汎用的な点字携帯端末も存在する。点字デバイスや、DAISY（デイジー）プレイヤーといった固有の機能に特化した専用機と異なり、携帯端末は汎用的にさまざまな機能を利用することが可能である。点字携帯端末でできることの一例をあげると、電子メール、ワープロ、ウェブブラウザ、RSSリーダー、Twitter、Facebook、Dropbox、YouTube、GPSレーダ、DAISY（デイジー）プレイヤー、サピエオンライン、メディアプレイヤー、電子辞書検索、乗り換え案内、radiko.jp（ラジコ）、簡単スケジューラ、Excel Viewerなどである。昨今、iPhoneやAndroidといった汎用端末の普及により、これらにおける機能追加は「アプリ」単位で行われることが開発面からも利用面からも一般的となったが、これは支援機器としての点字携帯端末でも同様である。

これらは、「読みたい」といったニーズや、「知りたい」といったニーズを自ら実現するものであるが、こうしたニーズの中でも大きなものの一つが「目的地までたどり着きたい」というものである。同行援護は良い制度で、一番安心ではあるが、GPSを使って一人で足取り軽く歩きたいというニーズも存在する。筆者が開発に関わったGPS歩行支援機器として、GPSレーダ、ブリーズなどがあるが、GPS歩行支援システムの開発を10年続けていく中で、出発地から目的地までのナビゲーションだけが目的でないことが次第に明らかになってきた。例えばそれは「目的地よりも、自分がどこにいるのか知りたい」ということであった。「近くにどんな店があるのか知りたい」というようなものから、「塔の上からの視点と路上の視点の違い」とでも言うべき、地図を頭に描き、地図上の自分の位置と移動方向を理解したい、街の風景を視覚的にイメージしたいという、俯瞰的な概念を把握したいというようなものまで多様である。

ナビゲーションの提供には、道路ネットワークデータベースとPOI（施設情報）データベース、住所データベースが必要であり、ルート検索には、ダイクストラ法やA*法（エースター法）といった経路探索アルゴリズムを用いることに

なる。しかし、GPS による測位にはマルチパス誤差といって、都心のような天空率の小さい場所ほど測位誤差が大きくなるという問題がある。準天頂衛星によってある程度解決することが期待できるが、少なくとも 3 機必要であり、1 機しか飛んでいない現在においては実用的な価値はあまりない。正確な位置情報の提供には、LED 照明に位置情報信号を入れるといった方法から、Bluetooth Low Energy で位置情報を送信するというような方法などさまざまなローカルインフラによる補強が必要だが、ローカルインフラは設置される場所が限定的とならざるを得ないという問題もあり、これらもまた完璧な技術ではない。しかし、さまざまな取り組みが日々続けられている。

　ところで、障害者が用いる道具は、障害者総合支援法という法の中の給付制度において補装具と日常生活用具に分類されている。補装具は自立支援給付という国が給付義務を負う制度に含まれる機器や道具であるのに対して、日常生活用具は地域生活支援事業という自治体の判断により提供される国の裁量的経費による事業に含まれる。視覚障害者の利用する杖、義眼、めがねなどは補装具の範疇であり、点字ディスプレイ、拡大読書機、DAISY（デイジー）プレイヤーなどの支援技術機器は日常生活用具の範疇とされている。日常生活用具の給付には、大きな自治体間格差があったり、道具の種類ごとに硬直的な給付限度額が設定されていたりなど、さまざまな問題がある。

　また、ここまで述べた通り、ＩＴは視覚障害者をエンパワーする大切な道具であるが、一方で、機器の利用においては一定のリテラシーを必要とすることから、マニュアルやヘルプを読んだだけで理解し、使いこなせる人は多くない。これらの利用には、視覚障害者ＩＣＴサポーターが必要となり、いくつかのボランティアグループが活動しているが、足りていない現状がある。パソコンのスクリーンリーダー、点字携帯端末、スマートフォンのアクセシビリティ機能などについての一定の知識を持つ事業者による支援を、総合支援法の枠組みに組み込むことを検討できないかといった観点も今後検討が必要になる。

2.3 海外のアクセシビリティ政策

　ＩＣＴ分野のアクセシビリティは米国の国内の障害者政策により牽引されてきたといえる。連邦政府にアクセシブルな情報機器やサービスの調達を義務づけるリハビリテーション法第508条や、テレビ番組への字幕付与を義務づける電気通信法、スマートフォン、テレビや録画機のアクセシビリティ、ビデオオンデマンドへの字幕付与を義務づける21世紀通信映像アクセシビリティ法など、時代に合わせて制度がつくられてきた。結果、前述のように、Microsoft社のWindows OSやオフィスアプリケーションのアクセシビリティが確保されたり、Apple社のiPhoneやiPadにVoiceOver機能、Google社のAndroidにTalkBack機能がついたり、Amazon社のKindleアプリがiOSでの読み上げ機能をサポートしたり、と、世界展開する米国企業が標準的にアクセシビリティに配慮した実装を行っている。結果、Kindleストアの日本語書籍もiPhone用Kindleアプリの音声読み上げ機能で読めるようになった。

　だが米国の国内法によって促されたアクセシビリティには、国境を超えるものと超えないものがある点には留意しなくてはならない。例えば、読み上げ技術は、TTSの組み替えさえ行えば、言語が異なる国々であっても汎用的に利用可能な技術ではあるが、VoiceOverが日本語点字対応の実装にまだ大きな課題を残すように、ローカル機能を実装するためのOSメーカーのインセンティブには乏しい。

　EUのアクセシビリティ政策に目を向けると、欧州標準化機関であるCEN（欧州標準化委員会）、CENELEC（セネレック、欧州電気標準化委員会）、ETSI（エッツィ、欧州電気通信標準化機構）が共同プレスリリースを発表し、2014年2月19日に、新たにＩＣＴのサービスと製品に関するアクセシビリティ規格を三機関合同で発表した。また、公共調達では欧州規格の順守義務があり、公共機関にはアクセシビリティ要件を満たすＩＣＴ製品およびサービスを調達する義務ができた。

　国際条約の観点から見ても、2013年6月、世界知的所有権機関がマラケシュで会議を行い「WIPO（ワイポ）マラケシュ条約」を採択した。これは視覚障害者とすべての読書障害のある人々の出版物へのアクセス向上のための条約である。現在、多くの国で、読書障害のある人々を対象として、認定された機関が出版さ

れた著作物の音訳、点訳、電子化とその公衆送信を行うことを認める著作権法がある。それらの法律のもと、作成されたアクセシブルなコンテンツの国際的相互貸借が可能になるといったものである。

2.4 視覚障害者等の読書の方法

2.4.1 福祉モデル：サピエと視覚障害者の読書（モデルA）

　日本の視覚障害者の読書は点字図書館、公共図書館、ボランティアグループにより支えられてきた。これらの施設、団体は数十年にわたり点訳図書、音訳図書を制作し利用者への貸し出しを行ってきた。近年はパソコンとインターネットの普及に伴い公衆送信による貸し出しも行われている。利用者は全国視覚障害者情報提供施設協会が運営する、オンライン電子図書館の視覚障害者総合情報ネットワーク（サピエ）から読みたい本をダウンロードして読むことができるし、利用登録している情報提供施設から郵送サービスにより図書を借りることもできる。しかし、情報提供施設の蔵書はリクリエーション読書中心であり、学術書や教養書は十分とはいえない。少なくとも読みたい本がすべてあるという状況からはほど遠い現状がある。

　平成22年1月1日に施行された改正著作権法（特に第37条第3項）によって点訳と音訳に加えて、「その他当該視覚障害者等が利用するために必要な方式」による複製と利用者への公衆送信も可能になった。点訳と音訳以外の方式には電子データが含まれるという合意が、行政、著作者団体、著作権法の専門家の間にあり、点字図書館や公共図書館が、著作権者の許諾を得ることなく書籍の電子化を行い、有資格の利用者に向けて公衆送信することが可能になった。ただし、制度的に電子図書の制作と貸し出し、公衆送信が可能になったとはいえ、電子書籍の制作は一部の情報提供施設で始まったばかりで、まだ蔵書数はごくわずかにすぎない。

　視覚障害者の音訳図書、電子図書の標準フォーマットは「DAISY（デイジー）形式」である。DAISY（デイジー）はアクセシブルな電子書籍フォーマットのグローバルスタンダードであり、DAISY（デイジー）コンソーシアムが規格策

定を行っている。この形式は、構造化に基づくナビゲーションが可能であり、これによりテキスト、音声、画像の同期が行える。この形式による図書、DAISY（デイジー）図書は視覚障害者を始めとする読書障害者にとって今やなくてはならない書籍フォーマットである。しかしDAISY（デイジー）図書はテープ等の録音図書を置き換えるところに起源があったため、閲覧は主として音主導の受動的なモデルとなっている。本来、読書とは読み手が能動的に文字に対して読むという行動を起こすのに対して、DAISY（デイジー）の閲覧モデルは流れてきた音声を聞くという受動的な方式によるものである。小説のような、1ページから順に読み進めていく書籍であれば、流れてきた音声を聞くという受動的な方式は十分に意味を持つ。しかし、学術書や解説書のように読み手が能動的に、行きつ戻りつして精読するような読書スタイルには適していない。精読とは、一つの文を納得のいくまで自身で吟味し、その内容を自身のものとする行為であるから、自ら一つの文や段落を何度も納得できるまで読み返すという行動が伴う。「一つの文や段落を何度も納得できるまで読み返す」という行為は、実は現状のどのDAISY（デイジー）再生ハードウェア・ソフトウェアでも困難な操作である。

　これまでDAISY（デイジー）の再生では音声主体の操作体系が主として用いられてきた。視覚障害者にとっては音声以外に点字ディスプレイによるDAISY（デイジー）の読書環境が実現されることが望ましいが、現状では、点字ディスプレイを通じてDAISY（デイジー）を閲覧できるシステムはごく数例しか存在しない。しかも、いずれも音声に併せて点字ディスプレイの内容が変化してしまい、点字の読み手が内容を読み切らないうちに、内容が変化してしまうものであるため、実用性に乏しいものである。

　その後、電子書籍フォーマットとしてEPUB3規格（7.3.1項参照）がIDPF（国際出版フォーラム）とDAISY（デイジー）コンソーシアムによって共同開発され、EPUB3は電子書籍の国際規格となり、規格としてDAISY（デイジー）はEPUBに統合されることになった。現在、DAISY（デイジー）4 = EPUB3の規格では、テキストに対応する点字情報を実現する取り組みが進められている。しかし、これらの取り組みは欧米を中心とするもので、個々の単一の文字を単純に単一の点字のパターンに置換できることを仮定しており、日本語のようなある文字に対し

て、複数の点字表現(読み表現)が考えられるような言語については議論の外に置かれているといった課題もある。

　長い間、点字図書館とボランティアが視覚障害者の読書を支えてきたという流れの中で、現在、読みたい本を読む自由として、サピエ図書館が重宝されるに至る。サピエは、いわば「日本で一番便利なオンライン図書館」といえ、音声DAISY（デイジー）だけでも年間1万点以上が新たにアップロードされており、文芸書が充実している点が特長である。情報提供施設が中心となりデータが作成されており、点字、音訳、テキストDAISY（デイジー）などさまざまな形式が存在している。政令で指定された施設は、著作権法第37条により許諾なしに作成できることから、サピエのラインナップとしては、一般的な電子図書館のラインナップのカバー範囲を超えることが可能である点も特筆すべき点である。

　サピエのシステム管理と運用については、社会福祉法人日本点字図書館がシステムを管理、特定非営利活動法人全国視覚障害者情報提供施設協会が運営といった、分担する形で行われており、年間のランニングコストは、両者合わせて5,000万円ほどとされている。内訳は、サピエサーバ保守・管理費2,500万円、サピエ運営費2,500万円である。

図表2.1　サピエ利用実績（2015年3月末現在）

1. 利用者

個人会員	13,430名（めい）
施設会員	291箇所

2. 登録データ

データの種類	登録タイトル数	26年度タイトル増加数、
点字データ	165,755タイトル	10,139タイトル、
音声DAISY（デイジー）	61,849タイトル	11,258タイトル、
テキストDAISY（デイジー）	1491タイトル	957タイトル、
マルチメディアDAISY（デイジー）	63タイトル	22タイトル、
シネマ・DAISY（デイジー）	149タイトル	81タイトル、
完成書誌数	834,820タイトル	

3. データ利用実績

点字データ	709,155タイトル、
音声DAISY（デイジー）	2,490,930タイトル、
テキストDAISY（デイジー）	108,958タイトル、
マルチメディアDAISY（デイジー）	1948タイトル、
シネマ・DAISY（デイジー）	128,858タイトル、

　ラインナップおよび会員数が増加し、利用拡大基調にあるサピエ図書館ではあるが、視覚障害者の読書は内実として、比較的生活に余裕のある分厚い専業主婦層に支えられてきた面がある。しかも、ボランティアの高齢化は着実に進んでいる。

図表2.2　ボランティアの平均年齢の変化

1. 日本ライトハウスのボランティア数

サービスの種類	1999年度	2013年度、
点訳	132名	130名、
録音	242名	246名、

2. 日本ライトハウスのボランティアの平均年齢

サービスの種類	1999年度	2013年度、
点訳	51,9歳（さい）	64,1歳（さい）、
録音	50,5歳（さい）	65,9歳（さい）、

　サービスとして優れた内容であっても、データの作成において多くの人的リソースをボランティアに頼っている本モデルは、一方で人的リソースの高齢化を抱えていることで、持続性に課題を残す形となっているのである。この中で、「より多くの本について、より早く読みたい」というニーズを拡大することは難しい。

2.4.2　市場モデル：市場による達成（モデルB）

　紙の書籍とは異なり電子書籍にはユニバーサルデザインの大いなる可能性があ

り、期待も高い。Kindle が iOS 向けのアプリケーションにおいて VoiceOver に対応したことで、多くの日本語の Kindle 書籍も iPhone の Kindle アプリで読めるようになった。その後、Android の Kindle アプリも TalkBack に対応したことで、2 大モバイルデバイス OS 上で Kindle 書籍が聴読可能になった。これは視覚障害者が新刊書籍を直ぐに読めるようになる、という大いなる夢の実現を意味したのである。

　こうした背景には、E PUB3 が 2013 年に ISO の国際規格（TS）になった流れも含め「リフロー型」フォーマットの普及が大きく寄与している。現状では、Kindle 書籍といえども「固定レイアウト」のものは音声読み上げができない。そうした意味でも、理系書籍のアクセシビリティ向上が次の目標であり、電子教科書のアクセシビリティ向上もあわせて検討すべき課題である。

　また、これは別の課題ではあるが、VoiceOver の TTS は読み間違いが多い。この点は、サピエで提供される書籍のような、読み情報まで正確性を担保する仕組みとはトレードオフの関係となる。

　他方、なぜアクセシビリティを実現するのが Google や Apple、Amazon であり、国産電子書籍ストアの多くが実現できていないのか、という観点が浮かび上がる。国内では 2013 年前後、「電子書籍元年」などと喧伝され、出版社、印刷会社、端末メーカー、通信会社、ネット企業などにより数多くの電子書籍ストアが開設された。どれも規模が小さく、しかもそれぞれが自社に主導権を保てるよう、垂直統合モデルを追求し、デジタルコンテンツの著作権保護システムである DRM（デジタル著作権管理）も多くの手法が乱立したが、結果としてビジネスとして成功したものは多くない。ストアによっては既に電子書籍からの撤退も始まっている。対して、米国系の電子書籍ストアである Kindle は着実にシェアを伸ばしている。iOS および Android においてアクセシビリティ機能が搭載されている背景には、前述の米国での制度面からの影響も大きなものであると考えられるが、それだけでは日本市場など各国へのローカライズを実現する理由にはならない。これらは各社がユーザーを獲得する上で、米国以外の国々の、視覚障害者などを含む読書困難者における読みたいというニーズに応えるといった、市場のニーズに対する肌感覚の差とも言い換えることができる。

ただし、それが市場で展開する私企業のアプローチである以上、すべてにおいて優れているとは言い切れない。いわゆる米国のＩＴ企業が各々の電子書籍ストアで競争を繰り広げる以上、ユーザーを「囲い込む」インセンティブが生じる。

電子書籍のコンテンツには、「DRM」というコピープロテクトがかけられている。ここには、違法な著作物の複製を避けることと、自社の電子書籍を自社のデバイスで読ませるという「垂直統合」の二つの意味が込められている。

本来、読者の多様なニーズに応えるのであれば、あらゆる環境で書籍を読むことが実現されることが望ましいのである。

例えば、Kindle ストアで購入した書籍を、専用端末である電子インクの Kindle デバイスで読む、iPad で読む、Android で続きを読むといったように、環境に合わせて、その時々で自分の好みのデバイスで読むといったことは、すでに実現している。しかし、これは「Amazon が展開する電子書籍ストア」において実現するのであって、障害者の立場からすると、DRM がかけられている電子書籍は、テキストデータに対応する支援機器では利用できない。視覚障害者等が日常で利用する点字携帯端末などの支援機器で、その書籍を読みたいと思っても利用できないのである。

電子書籍全般について、「DRM」をかけないということは、違法コピーの横行のリスクを考えると、実現は難しい。しかし、視覚障害者等がさまざまな支援機器での読書を希望するニーズには、出版社等が視覚障害者等の要望に応じて、DRM のかけられていない書籍のテキストデータを提供するといった制度の整備も必要であろう。

2.4.3　個人モデル：自炊による読書（モデルＣ）

以上で見たＡとＢのモデルは、社会的な共助と公助を前提とするがゆえに抱えざるを得ない持続性の問題と、市場競争に委ねられているがゆえに存在するストアごとの壁の問題、および読み上げ精度の問題をそれぞれ内包している。

ところで今日、出版社は印刷会社にほぼ100％電子データ入稿を行っている。出版社から電子データが提供される仕組みができれば視覚障害者等による読書を想定した電子図書の生産性は飛躍的に向上するが、それを促す制度的条件は整っ

ていない。しかし、スキャナとOCRソフトの低価格化により、視覚障害者の中にも、個人でOCRを利用して書籍の電子化を行う人々が増えてきた。ただし、校正作業は自分ではできないため、OCRの誤認識とTTSの誤読を許容しつつ読書している。これは著作権法では私的複製にあたり、それが私的利用の範囲であれば視覚障害のあるなしにかかわらず誰でも行うことができ、こうした行為は「自炊」などと称されている。ただし健常者が行う「自炊」は、印刷物の画像データ化が主たる目的であり、テキスト化が目的の視覚障害者の「自炊」は、それとは目的が異なる。

　また、この手法Cには、自炊すれば読みたい本を読みたいときに読める、というメリットのほかにも、サピエや電子書籍ストアで扱われないニッチな本であっても、読書の可能性が出てくるという、AとB双方を補完する役割が期待できる。筆者は自炊という言葉が誕生しブームとなる10年以上前から自炊を行っているが、手順としては電動カッターで裁断を行い、これをドキュメントスキャナで画像化の後、OCRでテキスト化し、最終的にTTSに対応させた自作アプリで読書を行ってきた。

　初期においては、スタッフがていねいに校正をしていたが、これではサピエなどのモデルと同様、読めるようになるまでに時間がかかるし、スタッフの作業負担も大きく、デジタル化のタイトル数も限られたものであった。そのため、現在は方針を変え、原則、未校正で読むこととした。視覚障害者の中にも、多様なニーズが存在するためあくまで一つの考え方ということになるが、このメリットは何といっても圧倒的に多くの書籍を待ち時間なしにテキスト化できる点にある。そしてそれ以上に大きなメリットは、立ち読み感覚で読書できるようになった点である。これは、マッチングコストが劇的に下がるということである。マッチングコストという観点でみると、電子書籍市場で販売されず、サピエでも取り扱うことのないマイナーな本であっても、まずはさしあたり未校正のものを読むことで、そのコストを低減させることも期待できるのである。

　自炊読書の限界は、その意味で、まだ現在の技術水準では文字だけの本しか読めないし、誤認識、誤読に耐えなければならないし、統計学、数学、物理学、情報工学などの勉強はこれではできない、という課題を抱えていることになるが、

しかし万人向けではないにせよ、AとBの選択肢を補完する選択肢となるのである。

2.5　誤読・誤認識問題と国会図書館の役割

　現在の技術水準を鑑みるに、OCRの誤認識率がゼロとなることや、TTSエンジンの誤読率がゼロとなることを直ちに期待することは難しく、誤認識や誤読を修正する作業はいつまでも残る。

　このとき期待されるのが、国立国会図書館の取り組みである。現在、国立国会図書館法による納本制度の下、国内で発行されたすべての出版物は国立国会図書館に納入することが義務づけられている。この制度は紙の本を対象としているが、現在進行形で電子書籍の納本のあり方について議論が続けられており、2013年3月から、無償かつ非DRMによる、図書または逐次刊行物に相当するオンライン資料について、国立国会図書館に送信することが義務づけられた。

　対象は年報、年鑑、要覧、機関誌、広報誌、紀要、論文集、雑誌論文、調査・研究報告書、学会誌、ニューズレター、学会要旨集、事業報告書、技報、CSR報告書、社史、統計書、その他、図書や逐次刊行物に相当するものとされており、いわゆる商業出版における電子書籍を含まない形ではあるが、電子データによる納本が実現することは重要な一歩であると考える。将来的に、現在の納本制度に相当する形で、電子書籍の電子納本が実現し、DRMの有無にかかわらず、内部のテキストデータへのアクセスが補償されれば、紙の書籍をスキャンすること自体の手間や、OCRの誤認識問題は考慮に入れる必要がなくなる。

　つまり、視覚障害者等読書障害のある利用者に対し、電子納本からサピエなどによる提供までをノンストップでつなぐサービスが実現すれば、先に述べたような、書籍をスキャンし、テキストデータを制作すること自体にまつわる問題は解消される。そのためには、国会図書館が提供するオンラインサービスとサピエの連携や、出版社に書籍データの提供を「合理的配慮」の観点からも求めていく必要がある。現在、ユーロピアーナもGoogleもアクセシビリティを重視している。また、HathiTrustは、全米視覚障害者連合と連携し、HathiTrustに収録されて

いる全電子書籍を視覚障害者等が利用できるようにすると発表した。こうした、世界的潮流においても、日本最大のデジタルアーカイブ組織である国会図書館が包括的かつアクセシブルな知のインフラを整備すべきであろう。

2.6 視覚障害者等の読書のために

これまで見てきた、A. ボランティアのデータ作成による経路、B. 市場による経路、C. 自炊といった手法については、どれも現状においてベストというものではない。その意味で、電子書籍普及期である現在において、これらの手法はどれが優れている、劣っている、という優劣をつけるものではなく、お互いを補完し合う関係性にあるといえ、当事者からすると、何か一つの経路に依存するよりは、経路が複数存在することの意味合いが大きいものである。

Aは今後も最重要なインフラとなると考えられる。依然としてボランティアのデータ作成による経路が大きな比重を占めている一方で、しかしこの経路についてはボランティアが高齢化し、持続性に大きな不安がある。Bには電子書籍市場が紙の書籍市場を凌駕する勢いで拡大するのかという問題が存在する。国内で、電子書籍が一般化するには電子書籍ストアの統合が実現する必要があるが、これには少なくとも数年単位の時間が必要と考えられる。加えて、EPUB3/DAISY（デイジー）4のようなアクセシブルな書籍フォーマットが必ずしも国内で広まるとは限らないという問題もある。しかも、そのような規格においてアクセシビリティに対応したフォーマットであっても、DRMがかけられては支援機器によるアクセスは不可能となる。

その場合、唯一期待できるのは、Amazon社のKindleストアとKindleデバイスやApple社のiBooks StoreとiPad/iPhoneのように一定程度アクセシビリティに対応するメーカーの垂直統合モデルが、他を圧倒して標準の読書環境となる場合である。電子書籍のユニバーサルデザインにおいていま世界でトップを走っているのはAmazonである。なぜそれが実現したのかといえば、ユニバーサルデザインを重視するという経営判断が合理的となるような社会環境を米国という社会が作ってきたからである。中でもADA（障害を持つアメリカ人法）やリハビリ

テーション法は障害者の権利擁護のツールとして大きな役割を果たしてきた。米国に匹敵する制度的環境が日本にも整い、電子書籍のアクセシビリティが全面的に実現し、しかも大多数の本が電子書籍として出版されるまでは、視覚障害者の読書は自炊に頼らざるを得ない。しかも、過去に出版された本に関して電子化されるものは一部のものに限定されるはずである。

しかしながら、Bの市場における経路についても、従来無償で触れていた本を読むという文化について、有償で利用するものという概念の違いから、この追加的な費用負担をユーザーがどこまで許容するか、という別軸の観点も発生する。その点はCの自炊についても同様で、自分で道具から何から整備し、しかも裁断機を目視することなく利用するリスクにおいて誰かしらの協力を必要とし、また支援機器の点からみても、日常生活用具の給付外としてフラットベットスキャナやOCRを準備するコストを考えると、ハードルが高い手法であることには変わりはない。

いずれにせよ、各モデルとも電子書籍を利用するものであって、これらの利用の促進には電子書籍そのものの普及が不可欠となる。以下、電子書籍の普及について見ていきたい。

3章
電子書籍の登場と新展開

澁澤（しぶさわ）　健太郎
東洋大学教授

前章では、視覚障害者等の読書にとって、電子書籍のもつ音声読み上げ機能などの意義を明らかにした。しかし、視覚障害者等が電子書籍を利用するには、その電子書籍自体が一般に普及することが必要不可欠である。本章では、電子書籍の普及の実態やその機能について検討してゆく。

3.1 電子書籍の登場

3.1.1 辞書・辞典から始まった電子書籍

紙の書籍は、15世紀にグーテンベルグが発明した活版印刷の技術によって、ごく少数の読者を対象とした写本の世界から、多くの人々が読むものへと大きな変革を経てきた。その後、20世紀末には、出版プロセスが活字製版からコンピュータによる製版であるDTPへと大きく変化した。さらに、Amazonに代表される、ネット書店が従来の書店の地位を脅かすようになった。しかし、活字による印刷がDTPに変わり、また書店がネット書店に変わっても、文字などのコンテンツを、紙に印刷して製本するというプロセスに変化はなかった。書籍はあくまで「紙」に依存していたのである。

しかし、ここに変化が見えたのが電子辞書の登場である。1985年に日本初のCD-ROM版『最新科学技術用語辞典』（三修社）が発売された。またその翌年の1986年には、日本電子出版協会[1]が設立されている。同協会の旗揚げの発端は、CD-ROMというパッケージメディアの出現にあった。

一般にCD-ROM版の辞書や電子辞書、電子出版という存在が知れ渡るようになったのは、岩波書店の『広辞苑』の電子化がきっかけであった。1987年7月に発売された『電子広辞苑』の価格は、書籍版の5倍の2万8千円であり、当時このCD-ROMを閲覧するには200万円もするワープロ（富士通 OASYS（オアシス）100）が必要であったが、ワープロで引けるこの辞書に、人々の関心が引き寄せられた。半年後、NECからパソコン版の広辞苑が発売されている。

1988年には自由国民社『現代用語の基礎知識』のCD-ROM版が発売され、辞書・辞典類のCD-ROM化の流れは定着していった。さらに1990年にソニーが、CD-ROMを利用したデータディスクマンを発売した。分厚い何冊もの辞書が、電

子辞書デバイスに取り込まれることとなった。また、1995 年には複数の辞書を 1 台の専用端末に内蔵した「電子辞書」端末も登場した。小さな電子辞書デバイスに、辞書や辞典というコンテンツが組み込まれることで、書籍は、まず辞書や辞典から「紙」という制約から解放され、電子化されることになったのである。

3.1.2　一般書籍の電子書籍化

　この辞書・辞典から始まった電子書籍を一般書籍に波及させることを目指して、日本では、1998 年 10 月に小学館、講談社、文藝春秋、角川書店などの大手出版社と、メーカー、取次など 100 社以上が集まり、「電子書籍コンソーシアム」が発足した。ここが当時の通商産業省（現経済産業省）の補助金を受けて、5,000 冊の電子書籍を揃え、通信衛星などを通じ書店、コンビニの販売端末に配信するという社会実験を行っている。利用者は、販売端末から「Clik!」とよばれる記録媒体にデータをダウンロードして、読書用の専用端末で読書するというものであった。

　この試みは、米国での 2007 年 11 月の Amazon Kindle のサービス開始に 9 年も先立つ実験であったが、デバイスの性能や、電子書籍への社会的な理解の不足などで十分な成果を出せずに終わっている。

　その後、2004 年にはソニーが読書専用端末「リブリエ」、松下電器が「シグマブック」を発売して電子書籍市場に参入した。インターネットの普及によって、パソコンを通して書籍データをダウンロードし、それをデバイスに転送して利用するという形が取られることになった。しかし、新刊が少ないなど魅力的なコンテンツを提供できず、電子書籍の市場を形成することができずに終わった。

　こうした中で、日本で電子書籍の市場を実質的に形成していったのは、携帯電話のコンテンツとしての側面であった。携帯電話には、三省堂が 1999 年から「三省堂辞書」検索サービスを提供し、岩波書店も 2001 年に『広辞苑』のサービスを開始した。一方、携帯電話から生まれた小説やコミックが、「ケータイ小説」「ケータイ・コミック」として市場開拓に大きく寄与した。2003 年には 5,000 万円だった携帯向け電子書籍市場が、2006 年には 112 億円となり、パソコン向けの市場を大きく上回った。2009 年には 574 億円にまで拡大し、同時期の

米国の電子書籍市場の約290億円に比較すれば、当時は日本が世界一の市場規模であったといえる[2]。

3.2 電子書籍の普及

3.2.1 Kindleの登場

2007年11月、米国で電子書籍専用端末としてAmazon社がKindleを発売したことで電子書籍を巡る状況は一変した。

2009年までは日本の電子書籍市場は世界最大と言えたが、2011年の米国の電子書籍の売上高（BookStatsの集計）は20億ドル（約1,580億円）となった。米国には著作物再販適用除外制度、いわゆる再販制がなく、この数字は出版社純売上（卸売）ベースであり、日本と比較するために小売り段階での売上げを推定すると、およそ2,000億円程度となる。一方、日本の市場規模は2011年度で前年比3.9％減の629億円であるので、3倍以上差がひらいたことになる。

その後、日本で立ち上がりを見せた電子書籍の市場構造も、日米で大きく異なっており、電子書籍ストアは、米国ではAmazonのKindle、大型書店チェーンのBarnes & Noble の nook（ヌック）、Apple の iBooks Store、Sony の Reader など限られたものであるのに対し、日本では数十社に及ぶ電子書籍ストアが乱立していた。電子書籍デバイスも、米国では電子書籍専用デバイス、タブレットPCが多くを占めているのに対して、日本では、依然としてケータイ向けが480億円と市場の8割を占めていた。

その当時の日本の電子書籍ストアを業種別に分類すると、出版社系（小学館eBooks（イーブックス）、KADOKAWAのBook Walkerなど）、印刷会社系（honto、BookLiveなど）、書店系（Kinoppyなど）、通信キャリア系（LISMO Book Storeなど）、ハードメーカー系（Reader Storeなど）、流通系（楽天Koboなど）といった具合である。電子書籍ストアの分析は、松原聡（さとる）他［2011］［2012］[3]に詳しい。

2007年のこの米国でのKindleの発売が、世界的に見れば「電子書籍元年」と言ってよいであろう。辞書、辞典で、CD-ROMなどのパッケージから始まった電

子書籍が、一般書籍を電子書籍ストアからインターネットを介して、デバイスにダウンロードして利用するという形で定着することとなった。

電子書籍では、紙の書籍で行われてきた、相当の部数を印刷、製本し、それを書店まで運搬し店頭販売する、そして売れ残りを回収し在庫管理するといった作業が不要となる。日本においては、電子書籍登場後、相当期間、再販指定価格である紙の書籍の「定価」と電子書籍の価格が見事に一致していたが、紙の書籍に比べ電子書籍の価格を安くする、期間を設けてセールを行うという事も見られるようになってきた。さらに、電子書籍のコンテンツは、書店に出向くことなく、在庫の心配もなくいつでも入手でき、容量が許す限り一つのデバイスに数百、数千冊もの書籍を取り込むことも可能となる。

一方、電子書籍では書籍の内容となるコンテンツと、それを読むデバイスとが分離する。利用者はなんらかの電子書籍を読むためのデバイスを購入した上に、インターネットを介するなどしてコンテンツを購入してダウンロードする必要が生じる。

電子書籍が普及するには、電子書籍ストアがどれだけ多くの電子書籍を提供できるのか、と同時に、性能、価格で魅力的な電子書籍を閲覧するためのデバイスが提供できるかにかかることになる。

3.2.2 繰り返された「電子書籍元年」

「電子書籍元年」が日本のメディアで喧伝されたのは、これまで三度あった。「電子書籍コンソーシアム」が発足した1998年、ソニーと松下電器から電子書籍端末が発売された2004年、そしてiPadの発売や電子書籍に関する業界団体が次々に発足した2010年である。

三度目の元年では、日本の電子書籍市場は電子書籍ストアが乱立し、電子書籍のフォーマット、DRM、書誌データ、分類方法などが統一されていないことが、初期の市場立ち上げに少なからず混乱をもたらした。

そうした中、電子書籍市場を活性化させるために、共通の基盤を整備し、電子書籍を利用しやすい環境を整える必要があるとして、2010年3月に設置されたのが、総務省、文部科学省、経済産業省による「デジタル・ネットワーク社会にお

ける出版物の利活用の推進に関する懇談会」[4)] である。同年6月にまとめられた報告[5)] には、電子書籍を普及させるための課題が示されている。

　電子書籍普及のための政策課題としては、著作権処理、デバイスの仕様や電子書籍フォーマットの統一など、さまざまなものが挙げられ、その対応のために、省庁の枠を越えて議論を行おうという目的でこの、「三省懇（さんしょうこん）」と呼ばれた懇談会が設置されたことは、まずは評価すべきであろう。

　しかしこの懇談会をきっかけに、官民が協働して新たな電子書籍市場が形成されたかといえば、肯定的な評価は難しい。特に、官が関与していながら、電子書籍が持つアクセシビリティを最大限に活用するという施策が見られなかった点も残念であった。紙の書籍にはアクセスできない、視覚障害者等や老眼が進む高齢者には、電子書籍の音声読み上げ機能や、文字拡大・リフロー機能は大きな福音となる。この機能のより積極的な普及に努めるべきではなかったか。

　さらにまた、セルフパブリッシングを普及させるための提案も、この懇談会の報告書では見ることができない。2009年の秋には米国ではセルフパブリッシングについて言及したコメントが存在し、2010年には本格的にAmazonが開始しているが、その可能性についての言及もなされていない。

3.2.3　電子書籍フォーマットの標準化

　電子書籍の普及を進めるための論点として取り上げられたのが、電子書籍のフォーマットの標準化である。紙の書籍は、紙に書籍コンテンツが印刷されるため、その書籍を入手すればそのまま利用できる。一方、電子書籍は利用するデバイスに、書籍コンテンツをインストールする必要があり、デバイスとコンテンツとの仕様が合致しなければならない。これは、音楽や映像と同様の世界に電子書籍がある、ということである。

　さて、日本では先に述べた「三省懇（さんしょうこん）」を受けて2012年4月、株式会社出版デジタル機構が設立された。資本金は産業革新機構などから39億円あまりを集め、賛同出版社は343社（2012年8月）に上った。さらに、2012年度に6万タイトルの電子書籍化をめざし、10億円の補助金を用意した「コンテンツ緊急電子化事業」（経済産業省）も開始された。

政府が、電子書籍普及に本格的に取り組み始めたことは注目すべき点であるが、この時期に開始された「コンテンツ緊急電子化事業」では、電子化にあたって「電子書籍にはEPUBやPDFなどたくさんのフォーマットがありますが、今回の緊デジでは、フィックス（画像）型とリフロー（テキスト）型それぞれに対して、XMDF／.book（ドットブック）／EPUB3という合計6種類のフォーマットで制作」[6]する、とした。実際に、電子書籍市場にデータを供給しようとした場合、このように様々な形式で展開せざるを得ない状況にあったのである。

現在は多くの電子書籍ストアにおいて、電子書籍ビューアの対応によって、様々な形式に対応する形となっているが、国際的な電子書籍仕様であるEPUB3形式がシェアを大きくのばしていることも確認される。青木の2014年10月の調査[7]によれば、売り上げランキング上位の電子書籍フォーマットで、EPUBリフローが54,1％、Kindleリフローが25,9％、EPUBフィックスが9.4％、.book（ドットブック）が6.5％、XMDFが3.2％、その他0.9％となった。Kindle形式もEPUBをベースとしていることから、徐々に、EPUB以外のフォーマットの使用頻度が下がっていく中で、EPUB形式をベースとしたフォーマットがデファクトとなっていくと考えられる。

3.3 多様化する電子書籍のサービス

3.3.1 Kindle「上陸」の影響

2012年10月、Kindleが日本でサービスを開始した。すでに米国を初めとして、世界で電子書籍普及の主役を担ってきたKindleの日本登場は、電子書籍利用者の期待とともに、業界では相当な警戒感が持たれていた。「黒船」とも称され、それゆえ日本でのサービス開始が「上陸」と言われたのである。

Kindle「上陸」以前には、日本の電子書籍のマーケットは奇妙な様相を呈していた。紙の書籍は再販指定商品であるが、電子書籍は指定商品とはなっていない。しかしながら、紙の書籍と電子書籍の値段はほとんどの場合同じであり、また複数の電子書籍ストアに置かれる書籍の値段も横並びであった。これがKindle登場後、紙の書籍の価格から離れて、電子書籍版の価格が低下するという、価格メ

カニズムが機能し始めた。これが電子書籍の市場を拡大していく一つの要因になったことは想像に難くない。

　Kindle は人気のある漫画を無料で配信するなど、短期間で他の電子書籍ストアとの価格的な差別化を図る戦略を次々に展開した。また、Amazon は個人が購入した履歴情報を用いながら、個々の趣向に合致した商品を紹介するサービスを展開している。いわゆるレコメンデーションである。電子書籍を購入する場合、書店で書棚を眺められないためベストセラーを選ぶか検索するかの手段しかなく、結果的に売上げを全体で上げていくのは難しいという指摘があるが、購入した商品と類似した商品が紹介される仕組みによって、自分の好きなジャンルの書籍を発見しやすくなっている。さらにその商品を購入している他人の購入履歴から予想される商品を紹介するシステムは、顧客にとって満足度の高いものになっている[8]。

　もう一つ、Kindle ストアの強みは、洋書を約 300 万点以上扱っていることである。例えばティムール・ヴェルメシュ『帰ってきたヒトラー』はドイツ、日本でベストセラーだが、紀伊國屋電子書籍での価格は上下ともに 1382 円であるのが、Kindle Store では 1280 円である[9]。「かなりの個所で原語（ドイツ語）が正確に日本語に訳されていない」といった書き込みが Kindle での口コミで確認されたので、ドイツ語版をすぐに Kindle で購入してチェックしてみたが、この原書の価格は 996 円であった。このような購入の方法がとれるのは Kindle のみである[10]。

　このほか、Amazon で販売されている紙の書籍の"The Girl on the Train" Paula Hawkins は 14,11 ドルだが電子書籍である Kindle 版では 6,99 ドルであり、およそ半値程度になっている[11]。

　またカスタマーレビューが 14,971 件あり、日本とは違ってレビューを書く人の数も多く、消費者の大きな判断材料となっている。このカスタマーレビューは Amazon が考案したサービス機能であり、Amazon で商品を購入した顧客でないとカスタマーレビューは投稿できない。雨宮（あめみや）は、カスタマーレビューは電子書籍を購入するための貴重な判断材料になり、市場のロングテールの拡大に寄与すると分析している[12]。

さらに、米国で普及しているオーディオブックについてであるが、TTS では基本的にはコストも時間もかけずに、自動で音声読み上げが可能である。この音声読み上げは機械の合成音声だが、その表現力に満足できない者のために、米国 Amazon では電子書籍から声優を使ってオーディオブック化するサービスも行っている[13]。報酬はセルフパブリッシング同様、売り上げた著作物からの印税を配分する方式をとっており、原作者自らの声でオーディオブック化を行う例も見ることができる。

Amazon 社は、さらに 2016 年 8 月、月額 980 円で 12 万冊以上の本、コミック、雑誌が読み放題となる Kindle Unlimited を開始した。書籍の流通を変えた Amazon は、電子書籍においてもさまざまな販売方法と周辺サービスを展開しており、この様に多面的な Amazon の販売戦略に、日本の電子書籍ストアの多くは十分な対抗策を打ち出せないでいる現状がみてとれる[14]。

3.3.2 Kindle との競合と協調

2012 年 6 月に南アフリカのケープタウンで開催されたＩＰＡ（国際出版連合）の国際会議の場で、講談社の野間省伸社長は、「これからの出版界は GAFMA（ガフマ）とどう付き合っていけるかがポイントだ」と述べた。GAFMA（ガフマ）とは Google、Amazon、Facebook、Microsoft、Apple の頭文字であり、こうしたアメリカのＩＴ企業と出版界がいかにつき合っていけるかが共通のテーマとして語られた。

これまでこれらの企業群を「黒船」「外敵」と呼んで日本の出版界の脅威としてとらえていた風潮が強かったが、いかにうまく付き合っていけるのかという視点が世界の出版社の共通認識として語られたことは興味深い。今や日本で紙の書籍の売り上げは Amazon が他を圧倒して一位であり、スマートフォンの OS は Android（Google 社）と iOS（Apple社）が世界を二分している。

さて、Kindle の日本登場以来、日本の電子書籍の市場は大きな変化を遂げてきた。今後、どの電子書籍が市場をリードしていくかであるが、大きく、(1) 提供されるコンテンツの魅力や価格、(2) 読むための端末の魅力や価格、(3) 電子書籍ストアの持続可能性の3点が基準になろう。

(1)について、淘汰が進んだといっても、まだ多くの電子書籍ストアが並立している状況にある。(2)については、読書専用端末、iPadのような汎用端末、さらにスマホなど、多くのものが市場に共存している。(3)については、2011年7月に電子書籍ストアを開始したローソンの「エルパカBOOKS」は2014年2月にサービスを終了した。すでに複数の電子書籍ストアが運営を取りやめているが、2015年1月段階で依然として多くの電子書籍ストアが乱立している状況であり、今後さらに淘汰が進むと思われる。運営を取りやめたストアにおいては、購入分相当の返金をもって他ストアへの移行を促すなどの取り組みが見られるが、紙の本であれば、そのような不便は生じない。これは電子書籍ストアごとのDRMによる囲い込みがもたらす、電子書籍ならではの弊害である。

　日本の電子書籍市場は、結果として、Kindleの登場をきっかけとして大きな変化を遂げた。Amazonは、電子書籍の価格を、従来の紙の書籍の「定価」反映型から、市場反映型に大きく変えた。また、レコメンデーションやセルフパブリッシング、定額制などの多面的なサービス群もKindleの強みといえる。さらに、Kindleストアで販売される電子書籍をスマートフォンやiPadなどのタブレット端末で利用すれば、音声読み上げが可能となる。今後、日本の電子書籍の市場をどこがリードしていくかは予断の許さないところではあるが、Kindleがその動向を左右することは間違いないと思われる。

　Kindleが、1990年に障害を持つ人々の雇用、移動、公的諸権利の行使におけるすべての差別を禁止するADA（障害を持つアメリカ人法）を成立させた米国企業であることがあらためて注目される。

註
1) 2010年に任意団体から一般社団法人に組織変更した。
2) インターネットメディア総合研究所インプレスR&D［2012］「電子書籍ビジネス調査報」、p. 17。
3) 松原聡（さとる）、山口翔、岡山将也、池田敬二［2012］「電子書籍のアクセシビリティ」『情報通信学会誌』30(3)、pp. 77-87。

松原聡（さとる）、山口　翔、城川（きがわ）俊一、山田　肇、藤井大輔［2011］「電子書籍の総合評価　－プラットフォーム、デバイス、フォーマット－」『経済論集』37(1)、東洋大学経済研究会、pp. 143-156。
4) 総務省HP　http://www.soumu.go.jp/main_sosiki/kenkyu/shuppan/　2015年6月10日アクセス。
5) 懇談会報告、2010年6月　http://www.soumu.go.jp/main_content/000075191.pdf　2015年6月10日アクセス。
6) 『コンテンツ緊急電子化事業』［2012］http://www.pictex.jp/works/about-kindigi.pdf　2015年6月10日アクセス。
7) 青木千帆子（ちほこ）［2015］「2014年電子書籍フォーマットのアクセシビリティ対応状況に関する実態調査」http://www.arsvi.com/2010/1502ac.htm　2015年6月10日アクセス。
8) 雨宮寛二（かんじ）［2012］、『アップル、アマゾン、グーグルの競争戦略』エヌティティ出版、p.169。
9) 2015年12月17日アクセス。
10) 2015年12月20日アクセス。
11) 2015年12月20日アクセス。
12) 前掲書8)。
13) 2015年7月14日、日本経済新聞朝刊記事。
14) Audibleは世界最大のオーディオブック制作・配信事業者で、2008年Amazonに買収された。

4章
著作権からみる視覚障害者等と読書

山口　翔
名古屋学院大学准教授

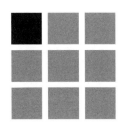

ここまで見てきたように、書籍が当初から電子書籍として発行され、かつ音声読み上げ等に対応したアクセシブルなものであれば、視覚障害者等はその電子書籍をそのまま利用でき、読書の在り方が大きく変わることが期待される。

しかし、現実には過去に出版された紙の書籍をはじめ、未だ電子化されていない膨大な数の書籍が存在する。それらを視覚障害者等が利用できる形で電子化するためには、著作権法によるさまざまな制約がかかる。本章では、その制度について検討する。

4.1 電子書籍アクセシビリティに関する法、制度、ガイドライン

視覚障害者等が出版物の内容を知る手段としてあげられるのが、文字の拡大、朗読や機械音声による音声読み上げ、点字化などといった、状況に応じた各媒体への変換である。ただし、印刷出版物をもとに新たに別の媒体として制作する場合には、追加的に時間、労力面でのコストがかかる。よって、紙という媒体を中心に、内容にアクセスする手段の多様性を確保しようとすると、コスト面で制約が生じる場合がある。そこで、アクセシビリティが確保された形での電子書籍の流通が広がることに期待が寄せられる流れは、ここまでに論じられたとおりである。

また、障害者の読書を考える際には、どの様な状態にある人を対象としているのかも併せて考える必要がある。読書が困難な状態として、視覚障害によって紙に書かれた文字や印刷された文字などが見えない人々のことを想定するかもしれない。また、上肢障害によりページをめくれず、印刷出版物が読み辛い、という場合も考えられる。より広範に考えると、高齢となることで、老眼により細かい字が読みづらい、ページをめくることが困難となる、といったことも考えられる。また、文字が見えていたとしても、文字の認識に困難を伴う状態、ディスレクシアとされる"文字の読み書き学習に困難を抱える障害"を持つ場合もまた、読書が困難である、という状況におかれる。

このように、読書が困難な状況に多様なものがある一方、著作権法では、読書が困難なものを「視覚障害者その他視覚による表現の認識に障害のある者」としたうえで、「視覚障害者等」というくくりが登場する。読書が困難となる状況に多様なパターンがあるとしても、その利便を享受できる対象の範囲は定められて

いる。

　仮にこれが、電子書籍の読書という体験に際し、電子書籍ストアで本を購入し、それを端末の音声読み上げ機能を用いて利用する場合であれば、対象において健常者と障害者の差異はない。電子書籍を提供する事業者が、ストアの設計から書籍を閲覧するアプリケーションの設計に至るまで、アクセシビリティを前提とした設計を行っている必要があるが、現状においても、Amazon 社の Kindle などではこの手段を通じて利用可能であり、この手法については、特段、制度面について言及する必要もなく、対象となる書籍について障害者から健常者に至るまで、読みたいときに読みたい場所で、文字の拡大縮小や音声読み上げによる読書が可能となる。

　ただし、電子書籍ストアで販売されている書籍の中で、音声読み上げの対象となる書籍が限られていること、また電子書籍化が実現しない新刊、あるいは過去の書籍については依然として読めないことから、現時点でこの方法において広範な読書体験をカバーすることは難しく、障害者にとっては既存の電子書籍サービスをもって、健常者と同様に読みたいときに読みたい本を読む、という読書体験を得ることは難しい現状がある。一方で、市場流通とは別の枠組みとして、電子書籍としての利便性と、ネットワーク流通を踏まえた利便性を達成しつつ、視覚障害者等を対象としたサービスを利用する、という方法も考えられる。こちらは「視覚障害者等」に対象を限ることで、著作権法における枠組みの範囲で、読書手段を確保する施策である。障害者の読書環境について、Kindle などの電子書籍ストアでの利用を市場原理によって情報へのアクセス手段を確保するものだとすると、後者は社会的な共助、公助、自助によって実現する「社会モデル」としての手法と言える。

4.1.1　著作権法上の複製行為

　本章では、これら手法を考える上で、電子書籍アクセシビリティに関係する、法、制度、その制度に伴うガイドラインを俯瞰し、電子書籍アクセシビリティの向上に必要な要素がどのように検討されているかを確認していくが、この「社会モデル」におけるアプローチを制度面からみていく上では、まず、紙の書籍にせ

よ電子書籍にせよ、書籍という著作物における複製行為について、確認しておく必要がある。

　障害者が書籍を利用しやすくするために「点字化」「音声化」「拡大」等の媒体を変換する行為は、媒体が異なるとしても、著作権法上ではどれも「複製」行為に位置づけられる。著作権法の第21条では、著作者は「その著作物を複製する権利を専有する」として、複製を行うことを著作者の権利としており、また同法第63条において著作権者は「他人に対し、その著作物の利用を許諾することができる」として、複製行為を第三者に許諾することが可能であることを示している。言い換えれば、これは第三者による複製行為について、著作権者による利用の許諾が必要であるというものである。そうすると、著作権者の権利である複製という行為については、第三者が著作権者の許諾なしに、点字化や音声化、拡大図書の作成を行うことはできない、ということになる。

　しかし、現実問題として、障害者から本を読みたいと要望を受けた図書館や情報提供施設が、求めに応じて媒体変換を行う上で、都度、各書籍について、著作権者の権利許諾をとっていては、媒体変換自体の時間に加え、権利処理の時間がかかることになる。これでは障害者の読書体験そのものが大幅に阻害されることから、これらの媒体変換については許諾を必要としない場合を定めたルールが設けられている。それが著作権法上における、著作権者に対する「権利制限」である。

4.1.2　権利制限

　障害者の求めに応じた複製に限らず、著作権法における「権利制限」にはいくつかのケースがあり、身近なところでは第30条の「私的使用のための複製」や、第32条の「引用」があげられる。個人の所有物を、私的な利用の範囲で複製することにおいては、この条項の範囲内において、個人が自由に行うことができるというもので、例えば、書棚を整理するために、書籍を裁断しスキャナを通してデジタル化する、という行為は紙媒体からのデジタル化という複製を伴うこととなるが、私的複製の範囲となることから、著作権者の許諾を必要とはしない。そのほかにも、第35条の「学校における複製」や、第38条の「非営利目的の演

奏」など、時と場合に応じた権利制限があげられる。この権利制限項目を障害者の読書の観点および関わりの深い図書館に関係するところについてみていくと、次のものが挙げられる。

　第31条　図書館などでの複製
　第33条　教科書への掲載
　第33条の2　拡大教科書の作成のための複製
　第37条　視覚障害者等のための複製
　第37条の2　聴覚障害者等のための複製
　第42条の3　国立国会図書館法によるインターネット資料の複製

　例えば、図書館が利用者から調査研究の目的のために書籍の一部を複製したいという要望を受けたときにサービスの一環として応えたい場合や、図書館の所蔵の資料を保存する必要がある場合の複製などは、第31条の「図書館などでの複製」の適用を前提とすることになる。この利用者からの複製を行いたいという要望に図書館が応えるときに、事細かにどこまで複製可能かといったことは著作権法に記載されているわけではない。具体的に、著作権法第31条の1は「図書館等の利用者の求めに応じ、その調査研究の用に供するために、公表された著作物の一部分の複製物（ふくせいぶつ）を一人につき一部提供する場合」としており、また、「発行後相当期間を経過した定期刊行物に掲載された個々の著作物にあっては、その全部」としているのみである。この「一部分」という表現が、具体的に何ページまで可能、と記されているわけではなく、時として、この判断が現場の裁量に委ねられることになるが、この点について、現場の法令遵守の姿勢によっては、法の趣旨以上に「萎縮」側に傾くこともあり得る。

　そのため、実態に基づいた運用については、現場に携わる関係者が権利者の意向を踏まえた上で運用可能な範囲を「ガイドライン」としてとりまとめる場合が多々ある。例えば第31条関連で言えば、「図書館同士の協力で借り受けた図書の複製に関するガイドライン」や「複製物（ふくせいぶつ）の写り込みに関するガイドライン」などが挙げられる。ほかにも、4.2項で取り扱う教科書の複製については、可能なことを示した上で、どのような媒体変換が望ましいか、という現

場の視点を取り入れた教材の制作ガイドラインも存在する。以下では、著作権法上の権利制限とともに、これらのガイドラインについても確認する。

4.2　著作権法第33条と教科書バリアフリー法およびガイドライン

4.2.1　教科書における権利制限

　著作物について、電子書籍等のデジタルコンテンツならではのアクセシビリティ向上と、障害者対応を著作権法における権利制限の範疇で可能な複製と捉え、実現していく事例としては、教科書に関する流れを俯瞰してみることが効果的である。教科書はまず教科用図書の発行者などの発行主体が限られており、監督官庁として文部科学省が存在し、教科書検定という仕組みを通じ教科書の内容に関する審査機能があり、また学校などの教科書の採用者および利用者となる生徒・児童の実態が把握可能なこともあり、一つ閉じたモデルとして捉えやすい。

　学校教育法第34条、第49条、第62条、第70条、第82条などを根拠に持つ教科書の検定に関する趣旨から触れていくと論点が拡散するため、ここでは採用された教科書に、障害者である児童がアクセスするプロセスに絞ってみていく。一例として、著作権法第33条において、障害を持つ児童などが利用する教科書を拡大などして利用するための権利制限があげられる。

　第33条の2においては、「教科用図書に掲載された著作物」は、「視覚障害、発達障害その他の障害により」使用が困難な場合、教科書の文字や図形などについて、「拡大その他の当該児童又は生徒が当該著作物を使用するために必要な方式により複製することができる」としている。また、展示により複製する場合を除いて、教科書の全部、ないし相当部分を複製する場合は、あらかじめ当該の教科書の発行者に通知をしたうえで、営利を目的として拡大図書などを頒布する場合は、別途、規定で定められる補償金を著作権者に支払うことを定めている。また、第34条において、学校教育の目的上必要と認められる限度で学校教育番組において著作物を放送等することができ、学校教育番組用の教材に著作物を掲載することができる。ただし、いずれの場合にも著作者への通知と著作権者への補償金の支払いが必要となる。

これらを踏まえ、主にボランティアが中心となり、点字教科書や音訳教科書、拡大教科書が作成されるが、作成のための指針として国立特別支援教育総合研究所は「拡大教科書作成マニュアル」として作成のための指針を示している。この拡大教科書・教材の制作におけるマニュアルでは、できるだけ多くの弱視の児童生徒が教科書を活用可能とすることを目的としている。「全国盲学校及び小・中学校弱視学級児童生徒の視覚障害原因等に関する調査研究」[1] から、弱視児童生徒の視力程度が 0.1 前後であることを基準として、文字の大きさ等を設定し、文字の大きさと携帯性のバランスから、拡大教科書のサイズを B5 判としている。ただし、サイズが一種類の拡大教科書では、弱視児童生徒の要望すべてを網羅することは難しい。結果として、この基準で対応が困難な弱視児童生徒については、別途、拡大写本ボランティアが行うプライベートサービスに拡大教科書の制作を頼らざるを得ないことになる。障害者対応の難しさとして、障害には多様なものがあり、その対応も多様性が求められる一方で、すべてをオーダーメイドにするほどのコスト負担構造は教育現場になく、効率化のためにどこまでガイドラインとして取りまとめることができるか、という点が指摘される。紙の教科書を原本にして紙の拡大教科書を作成する限り、多様な障害者の要望に応えようとしても、どこかに線引きが生じてしまう現状がある。

4.2.2 教科書バリアフリー法

しかし、これがデジタル教科書を前提とするようになれば、選択肢は増えることになり、電子書籍、電子教科書普及の流れの中で障害者対応を捉えていくと、また違ったアクセシビリティ向上の検討が可能となる。現在の出版はコンピュータによる紙面レイアウトを踏まえた制作工程が一般的となっている。これはつまり、書籍がデジタルデータで制作されていることを意味し、このデジタルデータを応用することができれば、場合によって障害者の個別の要望に対応可能なデジタルデータを準備することができる。さまざまな媒体変換を一度印刷された書籍から行うのではなく、元となるソースからさまざまな利用形態を想定する、というものである。

そこで、平成 20 年 6 月に公布された「障害のある児童及び生徒のための教科

用特定図書等の普及の促進等に関する法律」（以下、教科書バリアフリー法）はこのデジタルデータのやりとりに焦点をあてている。教科書バリアフリー法は、障害そのほかの特性の有無にかかわらず児童および生徒が十分な教育を受けることができる学校教育の推進に資することを目的にしている。障害のある児童および生徒のための教科用特定図書等の発行・普及の促進等を図り、かつ、視覚障害だけでなく、発達障害その他の障害のある児童および生徒の使用する教科用図書についても調査研究等を推進することを明示しており、対象を「視覚障害者等」に限らない取り組みを明記している。教科書バリアフリー法では、第5条において、「教科用図書発行者による電磁的記録の提供等」として、教科用図書の発行者は、発行する教科書のデジタルデータを文部科学大臣または教科用特定図書等の発行者に提供することができる者として、文部科学大臣等が指定する者に提供しなくてはならない、としている。つづく2項において、デジタルデータの提供を受けた文部科学大臣等は、文部科学省令の範囲で、教科用特定図書などの発行者に対して、発行に必要なデジタルデータの提供が可能であるとしている。また、3項において、国はデジタルデータの提供方法や、作成・活用に関して助言を行うものともしており、教科用図書発行者からのデジタルデータの提供について明示している点が注目される。その上で、著作権法の第33条の二において、教科書バリアフリー法の規定により、「教科用図書に掲載された著作物に係る電磁的記録の提供を行う者は、その提供のために必要と認められる限度において、当該著作物を利用することができる」と定めている。以上のように、教科書の利用においてデジタルデータを活用した障害者対応を行う上では、教科書バリアフリー法という個別の法律と、著作権法における権利制限によって障害者を支援する仕組みが成立していることが伺える。

4.2.3　デジタル教科書のガイドライン

　現段階ではもととなるコンテンツが、デジタルでやり取り可能になった、という段階であり、教育の現場においては、まだ紙をベースとした手法が一般的であり、すべての現場がデジタル教材の制作のノウハウを持つわけではない。そのため、この教科書デジタルデータの管理システムの構築を受託した富士ゼロックス

株式会社は、事業の一環として、拡大教科書を制作するための「教科書デジタルデータ」の入手手続きから、活用方法までの各種マニュアルの新規作成や改編を行い、これを「拡大教科書製作のための「教科書デジタルデータ」運用および活用マニュアル」[2]として公開している。このほか、国立特別支援教育総合研究所は、「デジタル教科書・教材の試作を通じたガイドラインの検証－アクセシブルなデジタル教科書を目指して－」[3]として、小学校における4教科を対象に、試作のデジタル教科書モデルを用い、ガイドラインの見直しを行っている。

日本における読書のアクセシビリティ確保は、個別的に対応を検討するものが多く、教科書という1分野に限ってみるだけでも、教育の現場で障害のある子供が書籍の内容にアクセスするに至るまでに、さまざまな制度やガイドラインが存在することが伺える。現段階の取り組みは、個別の法律や、著作権法における権利制限によって「個別の」対応を円滑にするものであり、これを出版全体としてみた場合、課題はまだまだ多い。

4.3 著作権法第37条と図書館ガイドライン

4.3.1 権利制限範囲の拡大

障害者の読書を考察する上では、著作権法第37条が前提となる。著作権法第37条は2009年に大幅な改正が行われ、視覚障害者等の利用において、著作権者の許諾を必要としない複製行為、すなわち著作権者の権利制限の範囲が拡大された。著作権法第37条第2項では「公表された著作物については、電子計算機を用いて点字を処理する方式により、記録媒体に記録し、又は公衆送信を行うことができる」として、コンピュータおよびインターネットを通じた点字のデジタルデータのやり取りを想定している。また、同条の3においては、「視覚障害者その他視覚による表現の認識に障害のある者の福祉に関する事業を行う者」でかつ、政令で定める主体が「視覚著作物を利用することが困難な者の用に供するために必要と認められる限度」の範囲内で、著作物を文字や必要なファイル形式へと「複製し、又は自動公衆送信（送信可能化を含む。）を行うことができる」としている。送信可能化、自動公衆送信とは、著作物をインターネットを通じ送信可能

な状態におくことのできる権利であり、これが可能となったことで、障害のある者の福祉に関する事業を行う者で、政令で定めるものは、インターネットを通じて電子書籍を障害者に届けることが可能となった。

　社会福祉法人日本点字図書館では、この「視覚障害者及び視覚による表現の認識に障害のある者」に対して、点字図書、録音図書などをインターネットで配信するサービスを行っている。この視覚障害者等に向けた、総合的な情報ネットワークが「サピエ」であり、サピエのサービスの一つである「サピエ図書館」では、全国のサピエ会員施設や団体が制作、所蔵する資料について、約 89 万件にわたる点字図書・録音図書の書誌データベースを保有し、会員はオンラインを通じて資料を取り寄せるリクエストを送ることが可能となっている。また、点字データ 16 万タイトル以上、デジタル録音図書の国際標準規格である DAISY（デイジー）図書 5 万タイトル以上について、全国どこからでもダウンロードできる。さらには、携帯電話への録音図書配信サービスが開設されるなど、権利制限を前提に、世界的にも先進的なサービスの展開を行っている。

4.3.2　図書館における著作権法第 37 条第 3 項対応ガイドライン

　ところで、第 37 条第 3 項では、図書館やサピエなどによるこのような複製サービスの対象を「視覚障害者その他視覚による表現の認識に障害のある者」としている。しかし、これまでにも述べてきたように、実際には、視覚障害でない、何らかの障害や事情があり、表現の認識が困難な場合が存在する。肢体不自由や寝たきり、といった場合でもその範疇となる場合が考えられるが、著作権法を遵守すると、障害があり本が読みたくても読めない人々に対して、図書館は視覚障害者等と同様のサービスの提供が行えないことになる。法の精神、あるいはサービス提供の趣旨からすると、本来そこに線引きは必要ないはずであり、この点について各図書館の協議会と権利者の代表とが議論を重ね、「図書館における著作物の複製等に関するガイドライン」を定めた。2010 年 2 月に、国公私立（こっこうしりつ）大学図書館協力委員会、公益社団法人全国学校図書館協議会、全国公共図書館協議会、専門図書館協議会、公益社団法人日本図書館協会が共同で発表した「図書館の障害者サービスにおける著作権法第 37 条第 3 項に基づく著作

物の複製等に関するガイドライン」の目的は、著作権法第37条第3項に規定される権利制限に基づいて、視覚障害者等に対して図書館サービスを実施しようとする図書館が、著作物の複製、譲渡、自動公衆送信を行う場合に、その取り扱うための指針を具体的に示すことである。このガイドラインでは、著作権法第37条第3項により複製された資料を利用できる「視覚障害者その他視覚による表現の認識に障害のある者」の対象範囲を、例示している。その範囲は、視覚障害、聴覚障害、肢体障害、精神障害、知的障害、内部障害、発達障害、学習障害、いわゆる「寝たきり」の状態、一過性の障害、入院患者、その他図書館が認めた障害、としており、「視覚による表現の認識に障害のある」状態の範囲を超えて、視覚著作物をそのままの方式では利用することが困難な者を対象の範囲に含む形となっている。これはいわば、第37条第3項における権利制限の趣旨と、現場の運用における現実との乖離を、関係者の対話と努力によって、カバーするアプローチと言える。

　しかしながら、この合意事項は、あくまで、この交渉のテーブルについた権利者達の総意であって、このときの交渉における著作権者側の代表が、全著作権者の代表となることは、実質的に難しい。つまり、交渉のテーブルにいない著作権者が、著作権の侵害行為として複製行為に異を唱える可能性があるリスクを一定程度抱えたまま現場運用がなされている状態にある、ということである。

　著作物に関係する業界としてみたとき、音楽業界など、各種権利団体・各種レコード会社による権利の包括的な管理や、信託の仕組みが整備されている状態が一般的な場合もあるが、出版業界の場合は依然「著者」に権利がある場合が多い。そのため過去の書籍の電子書籍化においてもネックとなったように、権利を束ねる存在自体が少ない。よって、このガイドラインのとりまとめに関わった著作権者の代表が、図書館で取り扱うすべての書籍の著作権者の代表となることは難しい。

　このような社会的意義のある合意事項に異議申し立てをする権利者が実質的には出てこないとしても、前述の通り、著作権法によって権利制限の対象とする範囲が現実に即しておらず、ニーズが明確であれば「視覚障害者その他視覚による表現の認識に障害のある者」という表現は法改正を通じ、「視覚障害者その他表

現の認識に障害のある者」と変更する意味は大きいと言えるだろう。現に、障害者に関する著作権の国際条約である「マラケシュ条約」においては、このようなサービスの対象を視覚障害者及び「Print Disabilities」[4]としており、国際協調の観点からも同様のことが言えると考える。

4.4 著作権法第31条第2項と資料デジタル化協議会合意文書

4.4.1 国立国会図書館が行う複製

　これまでに触れたように、教科用図書の発行者によるデジタルデータ提供において重要となるのは、そのデータを障害者対応のために活用することである。このことは教科書に限らず、一般の書籍についてもいえる。昨今の書籍もまた、PCを中心とした環境によって作成されており、障害者対応のために新たなデータを1から作らずとも、ある程度の流用が可能である。

　教科書の流れと同じように、デジタルデータを応用することを前提に、データの提供を出版社に求める動き自体は以前から存在した。仮にこのようなフローが教科書に限ることなく一般的なものとなれば、多くのボランティアの作業が楽になるだけでなく制作期間が短縮されることは間違いない。しかしながら、限られた数の出版社から出版され、かつ文部科学省の所管の元に検定される仕組みがある教科書と異なり、その両条件のない出版業界全体で見ると、デジタルデータの提供を前提としたコンセンサスの形成は難しい面が多い。出版社からのデジタルデータの提供を前提とした取り回しによる障害者対応は、一つのアプローチではあるが、教科書のように主流として期待できる流れにはなく、いかに信頼ある環境を構築できるかが重要となってくる。

　別の観点から見ると、前述の通り著作権法第31条では図書館の複製について定められているが、著作権法第31条第2項では、国立国会図書館が行う複製について、図書館資料の原本を公衆の利用に供することによるその滅失、損傷または汚損を避けるために、原本に代えてデジタルデータとして複製を作成する場合には「必要と認められる限度において」複製が可能であると、デジタル化に踏み込んで権利制限を認めている。

これに前後して、国会図書館では「全文テキスト化実証実験」[5]を行っており、2011年3月に報告書を公開している。この中では、テキスト化システムの構築から、作業の効率化、データ作成にかかる作業時間の評価といったワークフローの組み立てに関すること、実際にその過程を経てつくられたテキストデータの有効活用についてまで言及している。「全文テキスト化実証実験」報告書の第4章では、「全文テキストデータの検索・表示に関する実証実験に関する評価」として、検索画面における機能評価に加えて、このデータについて、視覚障害者等向けの読み上げサービス等の評価も行っている。つまり、国会図書館はテキストデータを用いた、障害者サービス向上の可能性を具体的に認識しており、その方向性自体は電子書籍ならではの機能を用いたアクセシビリティ向上として期待できるものである。

　国立国会図書館において、紙の書籍のデジタルデータを作成することについての議論の流れと、テキストデータを用いた有用性をめぐる議論の流れ、この二つの議論は、現状では別々の流れであるが、仮にこの流れが合流することで、国会図書館による障害者対応のサービス向上が期待できる。もちろん権利者への配慮、信頼関係は重要だが、併せて重要なのは、国会図書館自体が、国会図書館が行うことのできるデジタルデータの使用範囲をどのように認識し、いかに活用していくか、という姿勢である。

4.4.2　資料デジタル化協議会合意文書

　現在、国立国会図書館が文化審議会の答申に基づき、著作権者・出版者団体、大学、図書館など関係の団体や機関と行っている協議の場である「資料デジタル化及び利用に係る関係者協議会」[6]では、「協議会合意文書」のなかで「保存を目的とする国立国会図書館所蔵資料のデジタル化は、画像データの作成を当面の範囲とする」「検索利用等を目的とした資料の『テキスト化』の実施については、今後の検証事業等の結果を踏まえて、あらためて、関係者との協議により定める」としている。第31条第2項は電磁的記録についても可能としているため、テキストデータの作成も可能と解釈可能であるが、現時点においては権利者への配慮から画像データの作成にとどめ、そこからテキストデータはつくらない、と

いう判断がうかがえる。これは、4.3項で述べた、第37条を巡る運用においては、各図書館や権利者達が現場の動きに則し、視覚障害者「等」の解釈を超えて、協議の場で障害者の利用実態に合わせているのとは対照的である。

　なお、国立国会図書館は、視覚障害者等用データ送信サービスとして、公共図書館より点字データや音声DAISY（デイジー）データを収集し、視覚障害者等にインターネットを通じたデータ送信サービスを行っている。この収集の範囲について、2016年3月、対象機関を従来の公共図書館に加え、大学図書館など著作権法第37条第3項で視覚障害者等のための複製等が認められている機関・団体まで拡大し、そのデータ形式についても、従来の点字データ、音声DAISY（デイジー）データに加えて、マルチメディアDAISY（デイジー）データ、テキストDAISY（デイジー）データ、プレーンテキストデータにまで拡大することを発表した。いわば、流れの「下手」は整備が進む中で、国立国会図書館にしかできないデータ制作実現のために、早期での、各著作権者との信頼関係の醸成を期待したい。

　以上のように、社会モデルにおいては教科用図書の発行者へのデジタルデータ提供義務という強いアプローチが法的にとられる場合と、第37条ガイドラインのようにサービス提供側である図書館と著作権者側が理解を示し合い、信頼関係の上に醸成されていったコンセンサスによるアプローチがあることを踏まえると、今後の出版業界全体を見渡した上での、未来に繋がる合意形成が今後より重要になると考えらえる。

4.5　米国に見る法および制度と今後の課題

　ここまで見てきたとおり、市場で購入して利用するという健常者と同じフロー以外で、障害者が電子書籍にアクセスする手段は、教科書のデジタルデータ提供のようにデータの「提供義務」を課すアプローチと、著作権者への権利制限である第37条の運用をベースに、著作権者と図書館との合意の範囲で複製した物の利用を許諾する対象を調整する「コンセンサス形成」によるアプローチがある。今後、障害者における読書環境の向上を考えていく上では、これらの関係性、意味

合いを踏まえていく必要があると言える。最後に、参考までに、電子書籍のアクセシビリティ向上と制度の関わりを検討する一つの視点として、米国における障害者施策に触れる。

米国の法制度をみていく上では著作権法上の個別の規定のほか、1990年制定のADA（障害を持つアメリカ人法）、1973年に制定されたリハビリテーション法、IDEA2004（個別障害者教育法）等が参考になる。

米国では1964年の公民権法の制定以来、差別を禁止する連邦法が数多く制定された。ADAは障害を持つ人々の雇用、移動、公的諸権利の行使におけるすべての差別を禁止する法律である。しかし、障害の範囲や自立については1990年の施行後も議論があり、2008年には改正法が議会を通過した[7]。リハビリテーション法は、経済的・社会的に障害者が低い地位にあるのは、障害によるものでなく、社会的障壁・偏見によるものであるとして、障害者が勝ち得た権利とも言え、その後のさまざまな法改正の実現に繋がった法律である[8]。特に同法第508条は1973年のリハビリテーション法の大幅な更新となり、障害を持つ人々の電子情報技術アクセシビリティに関する法律として以下を義務づけている。

① 障害のある連邦政府職員が、障害のない連邦政府職員と同様に、情報やデータを入手し利用できなければならない。
② 連邦政府および機関が提供する情報やサービスを求める障害のある一般市民が、障害のない一般市民と同様に、情報やデータを入手し利用できなければならない。
③ 電子情報技術の開発・導入・保守・利用をアクセス委員会から公表される基準に適合させることが過度の負担となる場合、各機関は対象となる障害者に対してアクセシビリティを確保した代替手段によって情報およびデータを提供しなければならない。

米国における図書館や大学などの電子書籍サービスの運用においても、アクセシビリティに配慮のない場合、障害者の団体から訴訟を受けるなど[9]、ADAおよびリハビリテーション法は、大きな影響を与えていることが伺える。

また、教育の観点から見ると、IDEA2004[10]は、出版社が印刷された教材を販

売する際に、デジタルデータをレポジトリ NIMAC（National Instructional Materials Access Center）に登録することを求めるものである。これについては、日本においても同様のフレームワークが形成されていると言える。そのほか 2010 年には「2010 年アクセシブル・デザイン基準」[11] の策定や、また、多様化する映像配信におけるクローズドキャプションに関して定めた「21 世紀における通信と映像アクセシビリティに関する 2010 年法」などが定められており、新たに登場するテクノロジーへの対応が行われている。

　権利制限の面に触れると、米国著作権法第 121 条では、許諾を得た団体が既発行の非演劇的言語著作物のコピーまたはレコードを複製または頒布する際に、視覚障害者その他の障害者が使用するためのみに特殊な形式においてかかるコピーまたはレコードを複製または頒布する場合には、著作権の侵害とならないといった制限規定が示されている。

　このほか米国議会図書館では、NLS（視覚障害者および身体障害者のための全国図書館サービス）[12] を通じ、障害を持つ国民を対象として点字や音訳データの貸し出しを行っているほか、RFB&D[13] やブックシェア[14] といった民間によるサービスも提供されている。RFB&D では DAISY（デイジー）データの貸し出しを行っているほか、ブックシェアではいわゆる「自炊」したデータのシェアを行っている。

　以上のように、米国では歴史的に障害者の権利を位置づける動きが明確であり、それに則した多様な法制度が定められ、かつその流れの中で図書館やブックシェアなど公私に関わらずデータを提供する多様な仕組みが存在する。

　これらの制度的なバックグラウンドは、Apple や Google、Amazon といった米国企業が、米国市場に限らず、日本においても書籍のアクセシビリティ向上に寄与していることの遠因と考えられる。日本企業が展開する電子書籍ストアがアクセシビリティ機能において後手に回っている中、Apple や Amazon、Google のデバイスに、あらかじめ音声読み上げ機能が搭載されている事実についてだけでみれば、米国の制度に順応しておくことで、公共調達面での優位性を確保する動機づけがあったから、とも考えられるからである。

　しかし、米国企業が日本で展開するにあたり利益を追求するだけであるならば、

日本における公共調達案件に同様のアクセシビリティ機能を必須とする仕組みがないため、日本市場固有の言語にアクセシビリティ機能をローカライズするインセンティブが生じないようにも見える。このことは、公共調達におけるメリットとデメリットを勘案するだけではなく、米国の障害者施策における歴史的背景と、そのことによる思想への影響、踏み込んで言えば合理的配慮そのものに対する価値観などを含め、結果としてアクセシビリティ向上の機能を他国の言語であっても実装する機運に繋がっているものと考えられる。

このことは、国際条約である「障害者の権利条約」を批准した日本が、合理的配慮を含む今後の障害者施策像およびその中で実現する書籍へのアクセシビリティの向上のための議論を深める上で、重要な示唆を与えていると思われる。

註

1) 柿澤敏文、河内清彦、佐島毅、小林秀之[2012]「全国小・中学校弱視特別支援学級及び弱視通級指導教室 児童生徒の視覚障害原因等の実態とその推移：2010年度全国調査を中心に」『弱視教育 49』pp. 6-17。
2) 「拡大教科書製作のための「教科書デジタルデータ」運用および活用マニュアル等について」
   http://www.fujixerox.co.jp/company/social/resource/textbook/manual.html
   2015年9月1日アクセス。
3) 金森克浩[2014]「デジタル教科書・教材の試作を通じたガイドラインの検証－アクセシブルなデジタル教科書を目指して－」国立特別支援教育総合研究所
   http://www.nise.go.jp/cms/7,9717,32,142.html 2015年9月1日アクセス。
4) 石川准[2011]「電子書籍を読書障壁にしないために-出版社と国立国会図書館への期待」『現代の図書館 49』p. 83。
5) 前掲3)
6) 国立国会図書館「資料デジタル化及び利用に係る関係者協議」
   http://www.ndl.go.jp/jp/aboutus/digitization_consult.html 2015年6月10日アクセス。
7) Long, Alex B. [2008] Introducing the New and Improved Americans with Disabilities Act: Assessing the ADA Amendments Act of 2008, Northwestern University Law Review : Colloquy.
8) 石川准・関根千佳（ちか）[2001]「米国の社会背景と字幕の歴史」、文部科学省平成11－13年度科学研究費補助金 基盤研究(B)(2)研究成果報告書、「「アクセシビリティの政

治」に関する社会学・情報学的研究」、pp.104-137。
9) 一般社団法人電子出版制作・流通協議会[2011]「アクセシビリティを考慮した電子出版サービスの実現報告書」、p.42。
10) Cortiella, C. [2006]. NCLB and IDEA: What parents of students with disabilities need to know and do. Minneapolis, MN: University of Minnesota, National Center on Educational Outcomes.
11) http://www.ada.gov/2010ADAstandards_index.htm　2015年6月10日アクセス。
12) http://www.loc.gov/nls/　2015年6月10日アクセス。
13) http://www.learningally.org/　2015年6月10日アクセス。
14) https://www.bookshare.org/　2015年6月10日アクセス。

5章
図書館の障害者サービスと電子書籍

松原　洋子
立命館大学教授

ここまで、視覚障害者等の読書について、紙の書籍を音声読み上げに対応した電子化する手法や精度について見てきた。本章ではそれを踏まえて、図書館が蔵書をアクセシブルな電子書籍として視覚障害等のある利用者に提供している実例を示した上で、図書館がいかに障害者のための情報アクセスの経路として機能し、そのアクセシビリティの保障についてどのような対応を行っているのかについて述べる。

すでに見たように、既存の紙の書籍の電子化には、法的な制約や費用的な課題が大きい。その際に、図書館の持つ役割はきわめて大きいものとなる。特に公共図書館、国立国会図書館、大学図書館は障害者福祉を旨とする点字図書館とは違う目的で、それぞれ異なる法令を根拠に設置されている。例えば公共図書館は、社会教育法と図書館法に基づく社会教育施設である。そのため、公共図書館等に障害者サービスが導入されるまでにはさまざまな社会的障壁が立ちはだかってきた。その障壁を破り図書館におけるアクセシビリティを確保するために、視覚障害者をはじめとする紙の書籍での読書に困難を持つ当事者たちの運動が、きわめて重要な役割を果たしてきた。ここでは公共図書館、国立国会図書館、大学図書館におけるアクセシブルな電子書籍の提供の現状を概観し、課題を検討したい。

5.1 視覚障害者等の読書環境整備の変遷

70年以上の歴史をもつ日本点字図書館をはじめとする全国の視覚障害者情報提供施設が、今日まで視覚障害者の読書を保障する牽引的な役割を果たしてきたことは言うまでもない。ただし、点字図書館は1949年公布の身体障害者福祉法のもとで、当時の厚生省が所管する身体障害者更生援護施設、現在の障害者支援施設として位置づけられたために、視覚障害者等のニーズに対応しきれない局面が発生することになった。

その一つが視覚障害学生の読書支援である。戦後、大学が視覚障害者に門戸を開くようになったが、視覚障害学生らが必要とする点字の学術文献は大学からは提供されず、一方、点字図書館においても支援は困難であった。そのため視覚障害学生らは自助努力で点字資料を確保し、1967年には「スチューデント・ライブラリー」を結成した。

また視覚障害を持つ学生や市民による交渉の結果、公共図書館における戦後初

5.1 視覚障害者等の読書環境整備の変遷

の障害者サービスとなる対面朗読を、1970年に東京都立日比谷図書館が正式な事業としてスタートさせた。視覚障害者による日比谷図書館開放運動を通して、同じく1970年には視覚障害者読書権保障協議会（以下、視読協）が誕生している。視読協は1971年の全国図書館大会で視覚障害者の読書環境整備をアピールするなど、公共図書館関係者に精力的に働きかけた。その結果、1970年代後半には公共図書館における障害者サービスの重要性が全国的に認識されるようになった。1975年10月からは公共図書館では応じられない学術文献を対象に、国立国会図書館が「学術文献録音サービス」を開始した。これによって、学術文献の録音図書を、全国の公共図書館、大学図書館、点字図書館から国立国会図書館に申し込むルートが作られた。また、公共図書館を所管する文部省は、1976年度から「点字図書等購入費補助事業」を、郵政省は1976年1月から公共図書館を対象に「身体障害者用書籍小包」制度を設けるなどの整備が進んだ。1981年の国際障害者年を経て、障害者サービスへの取り組みは一層活発化した。1982年には国立国会図書館が『点字図書・録音図書全国総合目録』の刊行を開始し、図書館間の資料の相互貸借を促すことになった[1]。

　さらに1980年代以降のデジタル技術の進展と1990年代後半以降のインターネットの普及は、視覚障害者の読書支援にも大きな技術革新をもたらした。1989年に設立された「公共図書館で働く視覚障害職員の会」、通称「なごや会」は、図書館における障害者サービス一般の向上はもとより、電子書籍のアクセシビリティに関しても技術革新の動向を踏まえて提言や指導を積極的に行っている[2]。2009年の「著作権の一部を改正する法律」および2013年の「障害を理由とする差別の解消の推進に関する法律」（以下、障害者差別解消法）の公布や2014年の国連障害者権利条約の批准は、視覚障害者を含む読書に困難を持つ人々の読書環境の社会的障壁の除去を法的に推進するものである。これによって、公共図書館、国立国会図書館、大学図書館の役割も大きく変わった。

　まず2010年1月の改正著作権法施行により、視覚障害者等を対象とした複製や譲渡の幅が広がった。特に点字図書館に限らず国公私立（こっこうしりつ）図書館、学校図書館、大学附属図書館等が著作権者に無許諾で、テキストデータ、録音図書、拡大図書等、受益者が必要な形式で複製した物を提供できるようにな

ったのは画期的である。さらに、日本図書館協会はじめ各種図書館団体が権利者団体との協議を経て 2010 年に定められた「図書館の障害者サービスにおける著作権法第 37 条第 3 項に基づく著作物の複製等に関するガイドライン」の運用により、著作権法上の「視覚障害者等」だけでなく肢体障害や知的障害等を含む幅広い読書困難者に、図書館の判断で複製した物を提供することも可能になった[3]。2016 年 3 月には日本図書館協会が「図書館における障害を理由とする差別の解消の推進に関するガイドライン」を公表しており、同年 4 月の障害者差別解消法施行後、読書困難者の書籍へのアクセシビリティが一層向上することが期待される[4]。

　しかし一方で、複製した図書を作成するためのマンパワーや財源の不足などの課題も大きい。電子図書館についても、ビューアやコンテンツが実用的な状態で音声読み上げに対応できていないなどの問題がある。そのことも念頭に置きつつ、本章では国立国会図書館、公共図書館、大学図書館におけるアクセシブルな電子書籍の提供の現状と課題について論じる。なお、ここでの「アクセシブルな電子書籍」とは、印刷された本の複製データ（点字、テキスト、音声、マルチメディア）もしくはボーンデジタルの電子書籍で、アクセシブルなものを指す。本章では公共図書館、国会図書館、大学図書館について、①複製データの提供と製作、②ボーンデジタルの電子書籍配信を含む電子図書館のアクセシビリティの両面から検討する。

5.2　公共図書館における電子書籍の提供

5.2.1　複製データの提供

　障害者を対象に印刷された本をデジタル形式で複製した物として、図書館が提供してきた代表的な方式は、点字データ、音声 DAISY（デイジー）、マルチメディア DAISY（デイジー）である。また、近年ではテキストデータやテキスト DAISY（デイジー）も提供されるようになった。点字図書館等の視覚障害者情報提供施設は、DAISY（デイジー）等のデジタルデータをインターネット配信する視覚障害者情報総合ネットワークシステム「サピエ」を 2010 年から運営してい

る。サピエは点字データ配信をする「ないーぶネット」と音声 DAISY（デイジー）を配信する「びぶりおネット」を 2009 年度の厚生労働省補正予算によって統合したもので、2010 年にスタートした[5]。各種の DAISY（デイジー）端末や docomo のらくらくフォン・らくらくスマホのほか、パソコン、iPhone、iPad 等にダウンロードして利用できる先進的な電子図書館である。また全国の点字図書館等の資料所蔵データも検索することができる[6]。なお 2010 年の改正著作権法施行後は、点字図書館等の判断で「図書館の障害者サービスにおける著作権法第 37 条第 3 項に基づく著作物の複製等に関するガイドライン」の運用により、視覚障害以外の身体障害等による読書困難者にも複製データを提供することが可能になった。

　公共図書館はサピエや国立国会図書館の『点字図書・録音図書全国総合目録』（現在はウェブで公開）で所在を確認し、相互貸借を活用して点字図書館経由で録音図書や点字図書を利用者に提供してきた。また、サピエの施設会員として登録すれば、公共図書館を通して音声 DAISY（デイジー）などの複製データを利用者に提供できる。

　一方、3,200 以上ある全国の公共図書館の中で、こうしたアクセシブルな複製データを自館で所蔵している図書館はごく一部である。2010 年度に国立国会図書館の委託で実施された『公共図書館における障害者サービスに関する調査研究』によると、回答した 1,503 の図書館のうち DAISY（デイジー）バージョンの録音図書を 1 件以上所蔵する公共図書館は 140、点字図書のデータについては 18、マルチメディア DAISY（デイジー）については 20 である。テープ版の録音図書は 462、冊子の点字図書は 490 の図書館が所蔵していることに比べると、デジタルデータでの所蔵館の少なさが際立つ[7]。

　点字図書館等では 1998 年から 3 年間、厚生省の補助事業として DAISY（デイジー）録音図書の配布や DAISY（デイジー）製作システムの貸与が行われた。しかし、公共図書館を所管する文部科学省からはこの類いの DAISY（デイジー）移行に特化した補助事業が存在しなかったこともあり、公共図書館では録音テープの DAISY（デイジー）への転換を含めて DAISY（デイジー）導入に遅れが出たと言われている[8]。また、社団法人日本図書館協会は 2010 年 8 月 9 日に文部科学大

臣に対して、公共図書館の DAISY（デイジー）化推進のための要望書を提出している。公共図書館の録音資料の多くはカセットテープで保存されているが、この要望書では技術的環境の変化に伴いカセットテープでの資料利用が困難になっていること、また「今までに製作された貴重なカセットテープ資料が数年で使えなくなる恐れ」があることを指摘し、予算措置による DAISY（デイジー）化への早急な対応を求めている[9]。DAISY（デイジー）バージョン録音図書の所蔵館が 2005 年には 67 だったことを踏まえると[10]、DAISY（デイジー）への移行は着実に進んでいるとみられるが、カセットテープの貴重な録音資料の DAISY（デイジー）化は重要な課題である。

なお、改正著作権法後の注目すべき動向としては、2014 年 1 月に開始された国立国会図書館による「視覚障害者等用データの収集および送信サービス」が挙げられる。2016 年 6 月末現在、送信サービスが受けられる承認館は公共図書館を中心に 70、データ提供館は 47 となっている。送信サービスに提供しているデータは 2016 年 2 月末の時点で音声 DAISY（デイジー）4918 点、点字データ 177 点となっている。なお、2016 年からはデータ収集機関が「第 37 条第 3 項に基づき視覚障害者等用のデータを作成している「図書館等」に拡大した。また、収集データにはプレーンテキストが追加された[11]。データ提供館と提供データが増加すれば、同サービスは日本を代表するアクセシブルな複製データ配信システムに発展する可能性がある。ただし、その前提として公共図書館での複製データ製作を促進する必要がある。

5.2.2　複製データの製作

2009 年 6 月の著作権法改正以前にも、点字による複製は公共図書館で著作権者に無許諾で行うことができた。また、点字のデジタルデータへの変換や点字データの配布もでき、2000 年の著作権法改正によりネットワークを通じた送信が可能になった。一方、録音による複製に関しては、著作権者に無許諾で実施できる施設が点字図書館等の視覚障害者福祉施設に限定されていた。そのため、公共図書館をはじめ視覚障害者福祉施設以外の図書館では著作権者の許諾を得る必要があったが、依頼から回答までの時間がかかり、さらには許諾を拒否されること

もあったという[12]。

　こうした状況を打開するために、2004年4月、日本図書館協会と日本文藝家（ぶんげいか）協会は協定を締結し、「障害者用音訳資料利用ガイドライン」を定めた。これによって、同協定による「一括許諾システム」に参加する図書館は、日本文藝家（ぶんげいか）協会が管理委託を受けた著作者のリストに掲載された著者の作品については、無許諾で録音図書を作成することができるようになった。注目すべき点は、一括許諾システムによる支援対象が「読書に困難を持つ者」すなわち「視覚障害者」だけでなく「重度身体障害者」、「寝たきり高齢者」、「その他の読書に困難を持つ者」も含めて幅広く設定されていたことである[13]。録音資料は、視覚障害者以外の読書が困難な人々にとっても有用である。しかし、2010年1月に改正著作権法が施行されるまでは、点字図書館等から借りた録音資料を例えば肢体不自由者に貸し出すにも著作権者の許諾が必要であった。一括許諾システムは限定的ではあるものの、著作権者に個別に許諾を得なくとも、視覚障害以外の理由で紙の書籍の利用が困難な人々のためにも録音資料を製作できる道を開いた点で重要であった。なお、2010年1月の改正著作権法施行に伴いこの一括許諾システムは終了し、対象者をより拡張した形で同年2月発表の「図書館の障害者サービスにおける著作権法第37条第3項に基づく著作物の複製等に関するガイドライン」に発展的に継承された。

　では、公共図書館において複製データの製作はどのような状況にあるのだろうか。前述の『公共図書館における障害者サービスに関する調査研究』によると、障害者向けの資料の製作状況（製作数1以上と回答した図書館の数）」（回答数1503）については、DAISY（デイジー）バージョン録音図書が77、点字図書のデータが9、マルチメディアDAISY（デイジー）の製作館は0となっており、所蔵館よりもさらに少ない[14]。しかし2005年にはDAISY（デイジー）録音図書製作館が28に留まっていたことに比べると[15]、製作館は着実に増加しているといえる。また同調査研究では、「資料別の資料製作者の状況（1名以上の回答のあった図書館の数）」（回答数378）についても集計している。DAISY（デイジー）製作者（「DAISY（デイジー）の編集」）については、製作者として最も多いのが「図書館に登録したグループのメンバー」で43、次いで「図書館協力者」が31、

「職員」が 18、「個人登録のボランティア」が 11、「業者委託」と「その他」がともに 2 の順であった。公共図書館を対象としたヒアリングでは、複数の図書館で協力者の平均年齢の高さが課題となっていた。音訳技術の習得には数年が必要であるが、若い協力者の確保が困難である（集まらない、長続きしない）といった点も指摘されている[16]。日本図書館協会障害者サービス委員会は、2005 年 4 月に公表した「公共図書館の障害者サービスにおける資料の変換に係わる図書館協力者導入のためのガイドライン」で、障害者サービスとしての録音図書等の作成はボランティアではなく有償の「図書館協力者」によって行われるべきだとした。障害者サービス用資料の製作（点訳・音訳・拡大写本製作・DAISY（デイジー）図書製作等）には高度な変換技術や専門知識を要するという観点から、メディア変換される資料の質の保証とそれに相応する対価の支払いが必要であるとしている[17]。

確かに複製データの質の担保は重要であるが、こうした技術を備えた人材の養成と確保が難しい状況が一方で存在する。テキストデータ校正の効率化については、視覚障害者による「共同自炊型電子図書館」（第 6 章参照）の試みや日本点字図書館等が実施している「アクセシブルな電子書籍製作実験プロジェクト」、通称「みんなでデイジー」のようにボランティアの参加によるクラウドを活用した事業がある。しかし市民の自発的な協力を求めるだけではなく、並行して効率的かつ持続的な複製データ製作を可能にするビジネスモデルを考案する必要もあるのではないだろうか。

5.2.3 アクセシブルな電子図書館

2010 年度の総務省「新ＩＣＴ利活用サービス創出支援事業」の一環として、「図書館デジタルコンテンツ流通促進プロジェクト」では「公共図書館における電子書籍利活用ガイドライン（案）」を作成した。そこでは、公立図書館が電子書籍を適正に収集するにあたり、「電子書籍のビューアに音声出力や文字拡大等、障害者や高齢者が利用できる機能の具備について配慮する」[18]とされている。

では、公共図書館の現状はどうだろうか。一般社団法人電子出版制作・流通協議会が実施した「公共図書館の電子図書館・電子書籍サービス」調査（2015 年 4

月から5月）[19]によると、全国の公共図書館中央館1352に調査を依頼し791の図書館から回答を得た。そのうち、電子書籍サービスを実施しているのはわずか5%の54で、92%にあたる732の図書館が実施していないと回答した。すでに導入している、あるいは導入を検討している電子書籍サービスとしては、多い順に国立国会図書館の「デジタル化資料送信サービス」（33%）、外部事業者提供のデータベースサービス（31%）、自館デジタルアーカイブ（30%）、DAISY（デイジー）図書サービス（26%）、電子書籍貸出サービス（17%）、その他であった[20]。

　このように、アクセシビリティの観点から注目されるDAISY（デイジー）図書サービスや電子書籍貸出サービスを検討している図書館は、それぞれ2割ほどにとどまっている。しかし一方で「電子書籍で期待している機能」については、多い順に「文字拡大機能」（71%）、「音声読み上げ機能」（66%）、「文字と地の色の反転機能（読書障害対応）」（48%）となっており、「資料データベースサービス」（45%）、「マルチメディア機能（映像や音声、文字などのリッチコンテンツ提供）」（39%）、「必要なコンテンツ発見の検索サービス」（36%）、「電子書籍の紙出力による提供」（17%）、その他（4%）を上回っている[21]。これは公共図書館における電子図書館の導入において、アクセシビリティ機能の充実がインセンティブになる可能性を示唆している。文字拡大、音声読み上げ、文字反転は、音声ソフト等による検索と閲覧が容易なウェブデザインとビューア、EPUB3をはじめとするアクセシブルな方式でのコンテンツ提供により、現時点で技術的に十分に実現可能な機能である[22]。

　電子図書館は読書が困難な人々のすべてのニーズに対応するものではない。しかし、貸出や返却のために図書館まで出かける必要がなく、使い慣れた端末で閲覧できるというだけでも、読書が困難な人々を含む潜在的な利用者を新たな利用者として獲得できる可能性がある。ただし現状では、公共図書館が電子書籍に期待しているようなアクセシビリティ機能が、ウェブアクセシビリティも含めて実現しているとは言い難い。2016年4月の障害者差別解消法施行後には、公共図書館のうち公立図書館に対しては「合理的配慮」の提供が義務づけられることになり、電子図書館のアクセシビリティへの注目も高まりつつある。例えば2014年11月に開催された図書館総合展では、運営委員会企画フォーラム「公共図書

館の電子書籍サービスの新展開―障害者差別解消法と読書アクセシビリティ」が開催された。内閣府障害者政策委員長、電子図書館サービス事業者、公立図書館長が登壇し、多数の聴講者を得た[23]。また、電子図書館サービス事業者と大学が共同で、視覚障害を持つ市民の協力を得て、電子図書館のアクセシビリティ向上を目的とした実証実験とシステムの開発を進めている[24]。

ボーンデジタルの書籍のアクセシビリティが電子図書館で確保されれば、視覚障害者等の読書が困難な利用者が、複製データの製作期間というタイムラグなく、他の利用者と同じタイミングで読書することが可能となる。複製データの流通促進とともに、電子図書館におけるボーンデジタル図書のアクセシビリティ向上のため、公共図書館と電子図書館サービス事業者の積極的な取り組みが期待される。

5.3 国立国会図書館における電子書籍の提供

5.3.1 複製データの提供と製作

視覚障害者を対象に、国立国会図書館が「学術文献録音サービス」として所蔵資料の複製の作成を開始したのは1975年である。当初は館内でカセットテープに録音していたが、2002年からはDAISY（デイジー）に移行し大部分を外部委託で製作するようになった。録音図書の利用希望者は、貸出受付館として登録した全国の図書館を通じて申し込む。録音図書は、貸出受付館内だけでなく自宅等で利用することもできる。録音対象は学術文献であるため専門性が高く、音訳に際し入念な調査を行うため製作に時間を要する[25]。2016年7月18日現在、『点字図書・録音図書全国総合目録』に掲載されている国立国会図書館で製作されたカセットテープ版録音図書は2112件、DAISY（デイジー）バージョン録音図書は885件である[26]。

「学術文献録音サービス」の対象者は満十八歳以上の視覚障害者に限定されてきたが、2009年4月に「国立国会図書館学術文献録音テープ等利用規則」を改訂し利用対象者を拡大した[27]。まず視覚障害者だけでなく、「心身の障害その他の理由により録音テープ等の利用によらなければ学術文献の利用が困難であると館長が認めるもの」（第2条第2項）とし、調査・研究のために利用すること

が必要と認められれば十八歳未満でも利用できることになった。また、DAISY（デイジー）の検索性を生かして辞書、辞典類も録音対象とし、さらに受付館から依頼がなくとも貸出依頼に備える必要があると認められる学術文献も録音できるようにした[28]。なお、2010年の改正著作権法施行後は、図書館団体による「図書館の障害者サービスにおける著作権法第37条第3項に基づく著作物の複製等に関するガイドライン」に準拠しサービス対象者を拡大している。さらに、国立国会図書館「視覚障害者等サービス実施計画2014-2016」によれば、日本点字図書館で2013年度からテキスト入力と合成音声読み上げによるDAISY（デイジー）製作が実施されていることを踏まえ、肉声による録音から合成音声による録音方法への移行を順次行うとしている[29]。

　一方、国立国会図書館では所蔵資料の画像データをOCR（光学文字認識）処理して、テキストデータやテキストDAISY（デイジー）を製作する実験を実施してきた。これは複製データの製作ではあるが、国立国会図書館の電子図書館サービスに関連する事業であるため、次項で詳しく述べることとする。また、国立国会図書館は自館の所蔵資料だけでなく、サピエや公共図書館等のアクセシブルな複製データを、電子図書館サービスを通じて配信している。これについても次項で扱う。

5.3.2　画像データからテキストデータへ

　国立国会図書館の電子図書館サービスでは、膨大な電子資料と巨大なデータベースが提供されている。

　電子資料提供サービスについては、1)国立国会図書館の所蔵資料をデジタル化して作製したコンテンツの公開と、2)収集した無償のオンライン資料の公開を行っている。例えば「近代デジタルライブラリー」や「国立国会図書館デジタルコレクション」は1)に、「インターネット資料収集保存事業（Web Archiving Project、ＷＡＲＰ」は2)に当たる。なお、「近代デジタルライブラリー」のコンテンツは「国立国会図書館デジタルコレクション」に含まれており、またＷＡＲＰで収集されたオンライン図書や雑誌は、「国立国会図書館デジタルコレクション」の「電子書籍・電子雑誌」から利用できる。そのため、ここでは「国立国会

図書館デジタルコレクション」、特にその中核を占めるデジタル化された所蔵資料のアクセシビリティを中心に検討する。

「国立国会図書館の資料デジタル化に係る基本方針」によると、目次情報のみ検索用にテキストデータ化するが、その他は「当面、画像データを作成する」とされている。しかし画像では音声読み上げに対応できない。そのため同基本方針では「視覚障害者等への提供及び戦前の議会会議録の活用を視野に、本文テキストデータ化のための実証実験を行い、段階的な提供を目指す」とされていた[30]。

ここで経緯を確認しておこう。国立国会図書館では2000年頃から所蔵資料のデジタル化に着手し、2002年から「近代デジタルライブラリー」として明治期刊行図書の画像データ提供を開始していた。2009年度と2010年度には、137億円の補正予算により大規模デジタル化事業が進められ、200万点近くの資料が一挙にデジタル化された。2010年1月施行の改正著作権法では、絶版等により入手困難な資料を、国立国会図書館が著作権者の許諾なくデジタルデータに複製してインターネットで配信できるようになった。これらは現在「国立国会図書館デジタルコレクション」に統合され公開されている[31]。

このように、デジタルアーカイブの公開という形で国立国会図書館の電子図書館機能が急速に拡充していく一方で、画像データでの公開のためアクセシビリティに大きな課題を残すことになった。前述のように改正著作権法第37条第3項では、国立国会図書館もまた視覚障害者等に対して著作権者に無許諾で複製を作製、譲渡することができる機関となった。また改正著作権法が決議された第171回国会参議院文教科学委員会では、附帯決議の中に「国立国会図書館において電子化された資料については、情報提供施設として図書館が果たす役割の重要性にかんがみ、読書に困難のある視覚障害者等への情報提供を含め、その有効な活用を図ること」という文言が盛り込まれた[32]。

これを受けて、国立国会図書館では2010年7月に「視覚障害者等へのサービスに関する基本的考え方について」をとりまとめ、「全文テキスト化実証実験に係る調査及び評価支援等作業実証実験」(2010年10月～2011年3月、以下「全文テキスト化実証実験」)および「OCRを用いたデジタル画像の全文テキスト化」(2010年11月～2011年1月)の委託研究を実施し、報告書を公表してい

る[33]）。このうち全文テキスト化実証実験では、18名の視覚障害者等の協力を得て音声読み上げの評価が行われた。OCR認識率98％程度であれば、ほぼ正しく認識できたと評価されるなど画像データのテキスト化のあり方について一定の知見が得られた[34]）。国立国会図書館の「視覚障害者等サービス実施計画2014-2016」によると、2012年度と2013年度にもテキスト化とテキストデータの利用に関する実験を行った結果、国立国会図書館としては以下の認識に到達したという。第一に、画像データのOCR化によるテキストデータ作成において、学術文献録音DAISY（デイジー）資料と同程度に実用に耐える認識率を得ることは、現在の技術水準で困難であること。第二に、未校正のテキストデータでも「斜め読み」などのニーズに応えるサービスにつながり得ることである。これらの点から、2014年度から2016年度にかけて、未校正テキストデータの送信実験と校正・構造化に関わる研究を行い、2015年度以降のシステム開発とテキストデータの視覚障害者等への送信を目指すとされている[35]）。

　未校正テキストデータの提供は、録音図書等の複製の製作において、正確さと厳密性を重視してきたこれまでの障害者サービスとは対極にあるようにみえる。しかし現時点では、迅速な複製データ提供と正確な複製データの両立は難しい。テキストデータを音声ソフトや点字ソフトで斜め読みする、という方法は「共同自炊型電子図書館」（第6章）や、立命館大学図書館の障害学生サービス（5.4.2項参照）で実践され、一つの選択肢として利用者に歓迎されている。国立国会図書館が未校正テキストデータの提供に踏み切れば、視覚障害者等の読書環境は大きく変化するであろう。

　また校正等の作業の効率化に関しては、2015年4月から日本点字図書館との共同実験が開始されている。5.2.2項で触れたように、日本点字図書館は2013年10月から日本IBM、東京大学の協力を得て「アクセシブルな電子書籍製作実験プロジェクト」（通称「みんなでデイジー」）を展開してきた。これはクラウドソーシングによって、ウェブコミュニティのボランティアに誤認識の修正作業を自動的に割り当てることにより、効率的にテキスト校正をする仕組みである。2015年4月からはシステムを国立国会図書館に移管し、日本点字図書館の「アクセシブルな電子書籍製作実験プロジェクト」と協力し、国立国会図書館デジタ

ルコレクションの画像データからテキストDAISY（デイジー）を製作するなどの検証を行っている[36]。

5.3.3　データベースの拡充と電子資料の配信

　国立国会図書館では障害者向けの展示資料や録音資料等のデータベースを拡充するとともに、電子資料の収集とインターネットでの配信に取り組んできた。1982年に刊行を始めた『点字図書・録音図書全国総合目録』は、NDL-OPAC（エヌディーエル オーパック）でデータベースとして提供されてきたが、2010年1月の改正著作権法施行後、大きな進展があった。それは2012年1月公開の「国立国会図書館サーチ　障害者向け資料検索」である。ここでは、『点字図書・録音図書全国総合目録』のほか、サピエ図書館のデータベース、国立国会図書館が所蔵する点字資料、録音資料、大活字本、拡大写本、納本された録音資料等の書誌情報を一括して検索することができる。また、サピエ会員はサピエ図書館にログインすることで、「国立国会図書館サーチ　障害者向け資料検索」の結果から、点字データや録音データ等をダウンロードできる[37]。

　さらに5.2.1項で述べたように、2014年1月には「視覚障害者等用データ送信サービス」を開始した。国立国会図書館製作の「学術文献録音図書」と公共図書館等が製作して国立国会図書館が収集したアクセシブルなデジタルデータを、登録館や国立国会図書館に登録した個人（視覚障害者その他、視覚著作物をそのままの方式では利用することが困難な者）に配信するサービスである。「視覚障害者等用データ送信サービス」利用承認の際、交付されるIDとパスワードで「国会図書館サーチ　障害者向け資料検索」にログインして検索し、目的のデジタルデータを直接ダウンロードする。2014年6月からはサピエ経由でもこのサービスを受けられるようになった[38]。網羅的に検索できる国会図書館サーチから視覚障害等、読書に障害を持つ人々が直接データを自分の端末にダウンロードして利用できるサービスの開始は画期的と言える。フランスのように法律で視覚障害者等を受益者として出版社からの電子データ提供を義務づけ、国立国会図書館が複製を製作する拠点となれば、より実用的なシステムとして利便性が高まるであろう[39]。

5.4 大学図書館における電子書籍の提供

5.4.1 障害学生支援

　大学では障害学生の学修支援は、障害学生支援室や障害学生担当の職員、また学生のサポートスタッフらが主に担ってきた。したがって、レジュメや教科書のテキストデータ化等のノウハウや複製データは、こうした障害学生支援関連の部署に蓄積されてきた。しかし、これらは著作権法上の明確な裏付けをもたずに、学修支援の必要上実施されてきた。これに対して大学図書館では、対面朗読室や拡大読書機等の設備があったとしても、紙の本の媒体変換のような直接的支援は行ってこなかった。障害学生の教育を主眼とする筑波技術大学ではさまざまな支援技術が開発され、また著作権法上点字図書館と同様に複製における権利制限が大学としては例外的に適用されてきた。しかし、その他の日本の大学は 2010 年 1 月の改正著作施行によって、初めて障害者支援のための媒体変換と複製を行う主体として浮上したといえる。

　したがって、大学には国会図書館や公共図書館のような視覚障害者向けの複製データ作製のためのノウハウも技術も蓄積されてこなかった。その点では、図書館の中でも大学図書館が最も視覚障害者等の読書支援から遠い存在だったともいえる。

　しかし 2010 年 1 月の改正著作権法施行に加え、2016 年 4 月から障害者差別解消法が施行されたことにより、とりわけ国公立大学には合理的配慮の提供義務が課されることになった。これに先立ち、2012 年 12 月には文部科学省高等教育局が「障がいのある学生の就学支援に関する検討会報告（第一次まとめ）」を発表し、「視覚障害や読字障害のため文字が見えにくい、読みにくい、肢体不自由のため書籍のページめくりや持ち運びが難しい等といった「印刷物障害」に含まれる障害のある学生」に対する教材の確保について、注意を促している。また、「電子化された教材」の充実のため「大学等や図書館、出版社との連携の促進について検討することが望まれる」としている。2014 年 10 月には、国公私立（こっこうしりつ）大学が発起校となり一般社団法人全国高等教育障害学生支援協議会が発足する等、2016 年 4 月の障害者差別解消法施行に向けた障害学生支援体

制の準備が整えられていった[40]。

　一方、大学図書館では学術情報データベース、デジタルアーカイブ、機関レポジトリ、電子ジャーナルや電子書籍の利用等で、電子図書館が重要な役割を果たしている。このうち学術論文はテキスト付き PDF や HTML での公開が進み、視覚障害等の学生の利用に関しては冊子が主流であった頃と比べて利便性が高まったとも言える。しかし、一方で印刷された本のアクセシブルな方式での媒体変換と複製データの提供については、2010 年の改正著作権法施行後もなかなか進展しなかった。このような状況の中で、立命館大学図書館では障害学生サービスとして蔵書をはじめとする印刷資料のテキストデータ提供サービスを 2010 年から実施してきた[41]。次項ではこのサービス導入の経緯とサービスの実際について取り上げる。

5.4.2　立命館大学図書館における取り組み

(1)　テキストデータ提供サービス導入の経緯

　立命館大学図書館のテキストデータ提供サービスは、2010 年 1 月の改正著作権法の施行を契機に同年 7 月に開始された。当初は障害学生支援室との連携で運用されていたが、2011 年 1 月からは図書館単独でのサービスとなった。2016 年 6 月 1 日現在、326 点のテキストデータが蓄積されている。雑誌論文も含むが大部分は印刷された本の複製データで、約 200 点が校正済みである[42]。

　立命館大学では、著作権法改正以前から一貫制博士課程の先端総合学術研究科（以下、先端研）の視覚障害を持つ大学院生らによる、図書資料のテキストデータ化を求める運動とそれと密接に関係した研究プロジェクトの展開があった。彼らは、入学前から紙の本をスキャンし OCR にかけてテキストデータ化する「ハイテク読書」[43]を実践し、図書資料のテキストデータの活用に精通していた。さらに先端研を中核機関とする文部科学省グローバルＣＯＥ「生存学」創成拠点が 2007 年度に採択され、そこでは障害者の研究者養成と支援技術開発が目標の一つとなった[44]。こうして院生と教員の共同研究として、書籍のテキストデータ提供問題を含む実践的な研究報告が相次いで公刊されるとともに[45]、院生らが中心になって大学と交渉を重ねて環境を整備していった[46]。2010 年 1 月の改正著作

権法施行により、大学図書館が図書資料の複製を担う機関と定義されたことに伴い、立命館大学図書館は障害学生支援室や教員と協議しながら、2010年7月からのテキストデータ提供サービスの体制を整えていった[47]。

(2) テキストデータ提供サービスの実際[48]

a. テキストデータ提供サービスの利用手順

利用者登録：立命館大学図書館におけるテキストデータ提供サービスの対象は、視覚障害等のある正規の在籍生（学部生と大学院生）である。研修生、研究生などの非正規生は対象とならない。ただし、立命館大学がテキストデータ化した資料は、順次国立国会図書館を通して提供されることになるので、作成済みデータはこちらを通して利用が可能になる。視覚障害等のある教職員については、紙の図書資料からのテキストデータ化には応じていないが、2014年度から作成済みデータの利用可能になった。サービスの利用を希望する者（学部生、院生、教職員）は、登録が必要である。医師の診断書や身体障害者手帳がある場合はコピーを提出する。なお、2016年の障害者差別解消法施行に伴い、非正規生へのサービス拡大等について運用方針の見直しを検討中である。

利用リテラシー研修：登録後、サービスの利用に先立ち必ず利用リテラシー研修を受講する。研修の目的は、①OPAC、データベース検索、サピエ図書館等の検索を音声ソフト等によって自分で利用できるようにすること、②図書館やテキストデータサービスの利用ルールを理解することである。なお、電子メールを音声ソフト等により自分で利用できることが前提となっている。

申込み：図書資料のテキストデータ化を希望する場合は、所定の書式によりメールで申し込む。立命館大学図書館が所蔵する資料のうち、貸出対応がされている図書資料および論文雑誌、また図書館間相互貸借で取り寄せた資料がテキストデータ化の対象となる。当初は校正済みデータのみを提供していたが、のちに未校正のテキストデータも提供するようになった。さらに、データ提供を迅速に行うために、それまで一括して受け付けていた校正済みデータと未校正データの作成依頼を、2013年12月から受付フローを分けて対応することになった。

テキスト校正については、一度に申し込めるのは3件までで上限10件となっている。10件にはデータ作成中と貸出中のものも含まれる。申込みからデータ

提供まで1か月程度の時間を要するとされているが、図書資料の状態によっては6か月かかることもある。未校正データ（「テキストOCR・PDF」）については1件ごとに申し込む。申し込んだデータが利用可能になってから1週間を経過しないと次の申し込みができない。申し込みから提供まで1週間程度必要であるとされているが、通常2日程度で提供可能である。なお、作成済みデータについては、同様の手順で申し込んでいたが、2015年5月以降、テキストデータ提供サービスの利用資格者はウェブコースツールにログインして、過去に作成されたすべてのテキストデータを直接ダウンロードして利用できるようになった。

　データ提供方法：当初は1件ごとにCD-ROMに格納して貸し出していた。貸し出し日数は100日間であった。しかし、改正著作権法では複製した物の譲渡や自動公衆送信も認められていることから、2015年5月よりウェブコースツールのmanaba+Rを通じて申し込んだデータの提供を開始した。manaba+Rには、立命館大学の在籍者に個別に発行される立命館情報統合システムＲＡＩＮＢＯＷのＩＤとパスワードによってログインする。これによって、その利用者がテキストデータ提供サービスの登録者であることが確認された場合は、受講登録している科目のうちmanaba+Rを利用している科目のコース名と並んで、「図書資料データの提供」が表示される。これを選択すると、申し込んだ図書資料のデータをダウンロードできるようになっている。

b．テキストデータの作成

　テキストデータの作成については、図書館から業務委託された職員が担当している。データ作成に先立ち担当者は、メールによるデータ化の申し込み受け付け、サピエや学内にすでに利用可能な方式のデータはないかの確認、利用学生名での申し込み図書資料の借り出し、図書資料のコピーを行う。校正済みテキストを作成する場合は、コピーをスキャンして、画像上でページ番号や柱（余白の章番号等）、図表などOCRの誤認識の原因となる部分を予め削除してから、OCRでテキストデータに変換する。ただし、図表のキャプションとページ情報は残す。図書館のテキストデータ化マニュアルに従い、校正を2度行う。校正は誤認識の訂正だけでなく、音声ソフトで読み上げない語句等の校正（例：「3/4」を「4分の3」に修正）も含む。

2011年1月に図書館単独でのサービスが開始された当初は1名で担当していたが、サービス改善のために2012年4月からは2名体制とし現在に至る。利用者、貸出件数、処理ページ数は時期によって変動するため、提供までの日数も変動する。2012年4月から2013年9月までの実績では、提供までに平均2か月前後を要している。より迅速な提供が望まれるが、現在のマンパワーと財源（図書館配分の障害学生支援業務予算）では対応が難しい状況である。

5.5 図書館とアクセシブルな電子書籍

本章では、公共図書館、国会図書館、大学図書館の障害者サービスと電子書籍利用の現状を概観してきた。特に電子書籍に関して、複製データとボーンデジタルの電子書籍の両面から、アクセシビリティがいかに確保されているのかを検討した。後者については、ウェブデザインやビューアも含めてようやく改善への兆候が見えてきたという程度にとどまる。前者については、2010年の改正著作権法施行以前から、困難な状況の中で、ボランティアや図書館協力者の支援により、公共図書館や国立国会図書館でもDAISY（デイジー）録音図書や点字データが蓄積されてきたことを確認した。また国立国会図書館が1982年から刊行してきた『点字図書・録音図書全国総合目録』によって、分散している録音図書、点字図書等の書誌情報を統合し、公共図書館等の利用者が貴重な資料を相互貸借で活用できる環境を作ってきたことは国立図書館の役割として重要であった。さらに日本図書館協会と日本文藝家（ぶんげいか）協会による音訳図資料作成の一括許諾システム（2004年）など、著作権法上の制約がある中で、権利者団体との粘り強い交渉と合意形成が行われてきたことは、2010年の「図書館の障害者サービスにおける著作権法第37条第3項に基づく著作物の複製等に関するガイドライン」との関連において注目される。

2010年の改正著作権法の施行は、法的側面から視覚障害者等の読書環境を改善した点で画期的であった。しかし、これは上に述べたような長年の実践の一つの帰結とも言える。国立国会図書館は改正著作権法施行を契機に、これまで構築されてきた基盤を生かし、サピエや日本点字図書館と連携して国立国会図書館の

電子図書館を活用する計画を進めている。

　特に国会図書館の「視覚障害者等用データの収集および送信サービス」によって、アクセシブルなコンテンツの共有が促進され、利用者が直接ダウンロードして活用するなどの利便性が高まることが期待される。2016年3月の対象機関とデータ種別の拡大に伴い、2016年5月に立命館大学図書館は大学図書館初のデータ提供館となった。立命館大学図書館には2016年6月1日現在、約200点の校正済みテキストデータが蓄積されており、2016年7月から順次配信される見通しである。障害者差別解消法の施行にともない大学図書館での複製データの作成が進み、国立国会図書館を介してデータを共有できるようになれば、専門書を中心にコンテンツの多様性が増大する[49]。さらに2016年9月には、世界知的所有機関で採択されたマラケシュ条約が発効し、同条約のもとで、アクセシブルな複製の国際的なデータ交換が開始される。日本が同条約を批准する際には、国立国会図書館がデータ交換の政府公認機関として中心的役割を果たすものと考えられる[50]。

　ただし、ネックになるのが紙の本からの複製データの作製である。これまで朗読を録音して作製されてきた音声DAISY（デイジー）も、テキストデータと合成音声による製作が始まっている。今後はOCR化の認識率の向上、校正作業の効率化と低コスト化、また未校正であっても斜め読み用にデータをスピーディに提供するサービスの導入などの技術革新とビジネスモデルの構築が課題となるだろう。

註
1) 公共図書館への障害者サービス導入の経緯については、日本図書館協会障害者サービス委員会編[2003]『障害者サービス　補訂版』、日本図書館協会、pp.25-30を参照した。
2) 公共図書館で働く視覚障害職員の会（なごや会）編[2004]『本のアクセシビリティを考える―著作権・出版権・読書権の調和をめざして』読書工房、大塚強［2015］「ご存じですか"なごや会"」『みんなの図書館』第454号、pp.27-30。
3) 国公私立（こっこうしりつ）大学図書館協力委員会・(社)全国学校図書館協議会・全国公共図書館協議会・専門図書館協議会・(社)日本図書館協会[2010]「図書館の障害者サービスにおける著作権法第37条第3項に基づく著作物の複製等に関するガイドラ

イン」https://www.jla.or.jp/portals/0/html/20100218.html　2015年6月3日アクセス。
4) 日本図書館協会「図書館における障害を理由とする差別の解消の推進に関するガイドライン」http://www.jla.or.jp/library/gudeline/tabid/606/Default.aspx　2016年3月27日アクセス。
5) 「ないーぶネット」は全国視覚障害者情報提供施設協会、「びぶりおネット」は日本点字図書館と日本ライトハウスによるシステムである。
6) 竹下亘[2015]「サピエが支える視覚障害者等の読書」、社会福祉法人日本盲人社会福祉施設協議会情報サービス部会編、『障害者の読書と電子書籍－見えない、見えにくい人の「読む権利」を求めて』小学館、pp.18-23。
7) 小林卓・返田玲子・野口武悟（たけのり）・野村美佐子[2011]『公共図書館における障害者サービスに関する調査研究』、p.34
http://current.ndl.go.jp/FY2010_research　2015年5月30日アクセス。
8) 前田章夫[2015]「公共図書館障害者サービスの変遷」、社会福祉法人日本盲人社会福祉施設協議会情報サービス部会編『障害者の読書と電子書籍－見えない、見えにくい人の「読む権利」を求めて』小学館、pp.30-37。
9) 日本図書館協会[2010]「公共図書館にDAISY（デイジー）資料を備え、さまざまな情報障害者への情報提供を保障する事業の実施のための予算化について（要望）」https://www.jla.or.jp/portals/0/html/kenkai/20100809.html　2015年5月31日アクセス。
10) 返田玲子[2011]「公共図書館における障害者サービスの質問紙調査の結果分析」、小林卓・返田玲子・野口武悟（たけのり）・野村美佐子『公共図書館における障害者サービスに関する調査研究』、p.19
http://current.ndl.go.jp/FY2010_research　2015年5月30日アクセス。
11) 国立国会図書館「視覚障害者等用データの収集および送信サービス」
http://www.ndl.go.jp/jp/library/supportvisual/supportvisual-10.html、国立国会図書館「各サービスの承認館・参加館数」
http://www.ndl.go.jp/jp/library/supportvisual/supportvisual_partic_1.html、いずれも2016年7月18日アクセス。
なお、同サービス開始当初は対象館が公共図書館に限定されていたが、2016年3月からデータ収集機関が第37条第3項に基づき視覚障害者等用のデータを作成している「図書館等」に拡大した（ただしサピエ図書館に収集されている点字図書館等を除く）。また、収集・配信データも点字データ、音声DAISY（デイジー）だけでなく、プレーンテキストデータ、テキストDAISY（デイジー）、マルチメディアDAISY（デイジー）に拡張された。
12) 日本図書館協会障害者サービス委員会編[2003]『障害者サービス　補訂版』、日本図書館協会、pp.258-259。
13) 日本図書館協会・日本文藝家（ぶんげいか）協会[2004]「公共図書館等における音訳資料作成の一括許諾に関する協定書」、同「障害者用音訳資料利用ガイドライン」
https://www.jla.or.jp/portals/0/html/onyaku/index.html　2015年6月3日アクセス。
14) 小林卓・返田玲子・野口武悟（たけのり）・野村美佐子[2011]『公共図書館における障害者サービスに関する調査研究』、p.35

http://current.ndl.go.jp/FY2010_research　2015年5月30日アクセス。
15)　前掲書10)。
16)　野口武悟（たけのり）［2011］「公共図書館における障害者サービスの事例的検討—ヒアリング調査から」、小林卓・返田玲子・野口武悟（たけのり）・野村美佐子『公共図書館における障害者サービスに関する調査研究』、pp.22-23
　　　http://current.ndl.go.jp/FY2010_research　2015年5月30日アクセス。
17)　日本図書館協会障害者サービス委員会［2005］「公共図書館の障害者サービスにおける資料の変換に係わる図書館協力者導入のためのガイドライン—図書館と対面朗読者、点訳・音訳等の資料製作者との関係」http://www.jla.or.jp/portals/0/html/lsh/guideline0504.html　2015年5月31日アクセス。
18)　図書館におけるデジタルコンテンツ利活用検討委員会［2011］「公共図書館における電子書籍利活用ガイドライン（案）」、p.10
　　　http://www.unisys.co.jp/solution/gs/pdf/soumu-project3.pdf
　　　2015年5月30日アクセス。
19)　電子出版制作・流通協議会［2015］「「公共図書館の電子図書館書籍サービス等のアンケート」［2015年5月］集計結果」、植村八潮・野口武悟（たけのり）編著・電子出版制作・流通協議会著『電子図書館・電子書籍貸出サービス　調査報告2015』ポット出版、pp.61-125。
20)　回答館数519で、複数回答あり。同書、p.98。
21)　回答館数714で複数回答あり。同書、p.105。
22)　ただし、現状では日本の電子書籍サービスシステムのアクセシビリティは十分ではない。野口武悟（たけのり）［2015］「電子書籍サービスのアクセシビリティ機能への期待と可能性」、植村八潮・野口武悟（たけのり）編著・電子出版制作・流通協議会著『電子図書館・電子書籍貸出サービス　調査報告2015』ポット出版、pp.28-34。
23)　第16回図書館総合展（2014年11月）「公共図書館の電子書籍サービスの新展開—障害者差別解消法と読書アクセシビリティ」http://2014.libraryfair.jp/node/2164
　　　2015年6月3日アクセス。
24)　神谷千晶［2015］「音声で本検索「電子図書館」障害者に対応、三田で実験」『神戸新聞』2015年3月6日
　　　https://www.kobe-np.co.jp/news/shakai/201503/0007794821.shtml
　　　2015年6月10日アクセス。
　　　立命館大学［2016］「視覚障害のある人も使いやすい電子図書館システムを—民間企業と共同開発」http://www.ritsumei.ac.jp/news/detail/?id=262　2016年7月18日アクセス。
　　　大日本印刷［2016］「大日本印刷、図書館流通センター、日本ユニシス、ボイジャー　視覚障がい者に読書の楽しみを提供する電子図書館システム開発」
　　　http://www.dnp.co.jp/news/10122840_2482.html　2016年7月18日アクセス。
25)　関西館図書館協力課［2009］「学術文献録音サービスの展開—障害者向け資料の製作とサービスの拡大」『国立国会図書館月報』(577)、pp.12-14
　　　http://dl.ndl.go.jp/view/download/digidepo_1001144_po_geppo0904.pdf
　　　2015年5月30日アクセス。
26)　以下のサイトで資料形態「録音（カセット）」と「録音（DAISY（デイジー））」についてそ

れぞれ製作者「国立国会図書館」で検索した。国立国会図書館『点字図書・録音図書全国総合目録』https://ndlopac.ndl.go.jp/F/INY2CL2YA2UUKSX8GVAIEEAF5TP6ABQ7HQ7K1PBD9S1JLJGDJB-05833?func=find-a-0&local_base=gu_tr　2016年7月18日アクセス。

27) 2009年4月の国立国会図書館の録音テープ等利用規則改訂に先行して、2004年4月の日本図書館協会・日本文藝家（ぶんげいか）協会の「公共図書館等における音訳資料作成の一括許に関する協定書」では、視覚障害者以外にもサービス対象者を拡大していた。

28) 国立国会図書館「学術文献録音テープ等利用規則」http://warp.da.ndl.go.jp/info:ndljp/pid/8219979/www.ndl.go.jp/jp/library/supportvisual/uketuke_rule.pdf　2015年6月5日アクセス。

29) 国立国会図書館「視覚障害者等サービス実施計画2014-2016」、2014年3月　http://www.ndl.go.jp/jp/service/support/service_plan2014-2016.pdf　2015年6月3日アクセス。

30) 国立国会図書館「国立国会図書館の資料デジタル化に係る基本方針」、2013年5月27日　http://ndl.go.jp/jp/aboutus/digitization/policy.html　2015年6月5日アクセス。

31) 徳原（とくはら）直子[2014]「館種別（かんしゅべつ）事例（1）　国立国会図書館」、植村八潮・野口武悟（たけのり）編著・電子出版制作・流通協議会著『電子図書館・電子書籍貸出サービス　調査報告2014』ポット出版、pp. 52-65。

32) 「著作権法の一部を改正する法律案に対する附帯決議（案）」171 – 参 – 文教科学委員会 – 14号、2009年6月11日。

33) 国立国会図書館「全文テキスト化実証実験報告書」　http://www.ndl.go.jp/jp/aboutus/digitization/fulltextreport.html　2015年6月4日アクセス。

34) 三菱総合研究所[2011]『全文テキスト化実証実験に係る調査及び評価支援等作業実証実験報告書』、pp. 71-74　http://www.ndl.go.jp/jp/aboutus/digitization/3_5sho.pdf　2015年6月4日アクセス。

35) 国立国会図書館[2014]「視覚障害者等サービス実施計画2014-2016」、http://www.ndl.go.jp/jp/service/support/service_plan2014-2016.pdf　2015年6月10日アクセス。

36) 「国立国会図書館、日本点字図書館と共同で視覚障害者等向けのテキスト化データ提供に関する実験を開始」『カレントアウェアネス・ポータル』、2015年4月7日　http://current.ndl.go.jp/node/28299　2015年6月3日アクセス。
日本点字図書館「2015年度も実施　「アクセシブルな電子書籍製作実験プロジェクト」　参加者募集中！」2015年4月1日　http://www.nittento.or.jp/news/tdaisy2015.html　2015年6月3日アクセス。

37) 国立国会図書館「障害者サービス」　http://www.ndl.go.jp/jp/service/support/index.html#internet　2015年6月1日アクセス。

38) 関西館図書館協力課[2015]「視覚障害者等用データの収集および送信サービス」『国立国会図書館月報』(646)、pp. 12-13　http://dl.ndl.go.jp/view/download/digidepo_8929147_po_geppo1501.pdf　2015年

6月1日アクセス。
39) 菊池尚人[2014]「フランスの障害者向け電子書籍図書サービスの概要及び日米との比較並びにモデルの考察」『情報通信学会誌』32(2)、pp. 117-123。
40) 文部科学省高等教育局[2012]「障がいのある学生の就学支援に関する検討会報告(第一次まとめ)」http://www.mext.go.jp/b_menu/houdou/24/12/__icsFiles/afieldfile/2012/12/26/1329295_2_1_1.pdf
一般社団法人全国高等障害学生支援協議会 http://ahead-japan.org/index.html
いずれも2015年4月1日アクセス。なお障害者差別解消法施行に向けて文部科学省は、2015年11月26日、「文部科学省所管事業分野における障害を理由とする差別の解消の推進に関する対応指針の策定について」(http://www.mext.go.jp/a_menu/shotou/tokubetu/material/1364725.htm 2015年12月25日アクセス)を通知した。ここで高等教育に関しては「合理的配慮に関する留意点」の「4 教育方法等」のひとつに「情報保障」を挙げている。また「文部科学省所管事業分野における障害を理由とする差別の解消の推進に関する対応指針」(http://www.mext.go.jp/component/a_menu/education/micro_detail/__icsFiles/afieldfile/2015/11/24/1364727_01.pdf 2015年12月25日アクセス)では、「ホームページ」の「情報アクセシビリティ」について注意喚起を行っている。なお前述の文科省通知では、参考になるものとして『教職員のための障害学生修学支援ガイド』に言及している。ただし同ガイドでは視覚障害学生に対する図書館の支援・配慮について、「館内移動、資料検索、文献複写等の支援」「対面朗読サービス」「拡大読書器」を挙げるに留まっている(独立行政法人日本学生支援機構『教職員のための障害学生修学支援ガイド』http://www.jasso.go.jp/tokubetsu_shien/guide/documents/visualdisturbance.pdf 2015年12月25日アクセス)。国立大学については、国立大学協会が作成した「障害を理由とする差別の解消の推進に関する教職員対応要領における留意事項(雛形)」(http://www.janu.jp/news/files/20151113-wnew-format2.pdf 2016年1月25日アクセス)において、「過重な負担が存在しないことを前提」とした上で、「合理的配慮に該当しうる配慮の具体例」が挙げられている。図書館に関係する例示としては、「図書館やコンピュータ室、実験・実習室等の施設・設備を、他の学生等と同様に利用できるように改善すること」がある。
41) 湯浅俊彦[2014]「読書アクセシビリティの保障と大学図書館―所蔵資料テキストデータ化をめぐって」『論究日本文學』第100号、pp. 209-227。
42) 立命館大学図書館「作成済みデータ一覧外部リンク」
http://www.ritsumei.ac.jp/file.jsp?id=94602 2016年7月18日アクセス。
43) 石川准[2004]『見えないものと見えるもの―社交とアシストの障害学』医学書院。
44) 「「生存学」創成拠点―障老病異と共に暮らす世界へ」申請書
http://www.arsvi.com/a/200702.htm 2015年5月20日アクセス。
45) 植村要[2008]「出版社から読者へ、書籍テキストデータの提供を困難にしている背景について」『Core Ethics』4、pp. 13-24。
青木慎太朗編著[2009]『生存学研究センター報告6 視覚障害学生支援技法』生存学研究センター http://www.arsvi.com/b2000/0902as.htm 2015年5月20日アクセス。
46) 植村要・青木慎太朗・韓星民(はんすんみん)[2008]「スーダン視覚障害学生支援の現状と課題―立命館大学における支援の現状からスーダンでの支援を考える」障害学会第5回大会(ポスター発表)、熊本学園大学

http://www.jsds.org/jsds2008/2008html/p_uemuraaokihan.htm　2015年5月2日アクセス。

47）安東正玄（せいげん）［2015］「立命館大学図書館における障がい学生に対するサービスについて」『みんなの図書館』（454）、p.32、2015年2月。

48）本項の記述は以下に基づいている。立命館大学図書館「障害学生の方」 http://www.ritsumei.ac.jp/library/shogaiservice/　2016年7月18日アクセス、立命館大学図書館［2013］「図書館資料のテキスト化対応」田中清子「立命館大学図書館における障害学生支援」「大学図書館における障害者支援―障害者差別解消の成立を受けて」キャンパスプラザ京都、松原洋子・植村要［2015］「図書資料のテキストデータ提供の課題―立命館大学図書館の実践から」、『全国高等教育障害学生支援協議会第1回大会大会発表論文・資料集』、pp.50-51、立命館大学図書館校正マニュアル等。

49）　北海道大学附属図書館では、2014年9月にPDFおよびテキストデータの提供サービスを開始した。詳細は次の文献を参照のこと。小林泰名（やすな）・栗田とも子［2016］「プリント・ディスアビリティのある利用者のための資料電子化サービス」『医学図書館』63(1)、pp.80-81。また文部科学省の「大学図書館における先進的な取り組みの実践例（ウェブ版）」において、2015年度掲載の事例の一つに、ルーテル学院大学図書館での視覚障害学生を対象とした図書館資料テキストデータ貸出が紹介されている。この事例は、文部科学省がテキストデータ提供サービスを「大学図書館における先進的な取り組み」として認知している点で注目される。ルーテル学院大学図書館「視覚障害があっても本を自由に読みたい！」を実現――"誰もが使いやすい大学図書館"を目指し　図書館資料テキストデータ貸出」
http://www.mext.go.jp/component/a_menu/science/detail/__icsFiles/afieldfile/2015/09/03/1361417_03.pdf　2016年1月25日アクセス。

50）河村宏［2013］「障害者のアクセス権と著作権の調和をはかるマラケシュ条約」、『カレントアウェアネス』http://current.ndl.go.jp/e1455、野村美佐子［2014］「マラケシュ条約―視覚障害者等への情報アクセスの保障に向けたWIPO（ワイポ）の取り組み」『カレントアウェアネス』http://current.ndl.go.jp/ca1831、国立国会図書館［2016］「マラケシュ条約、2016年9月30日に発行―批准国が20か国に到達」、『カレントアウェアネス』http://current.ndl.go.jp/node/31944　いずれも2016年7月18日アクセス。

6章
共同自炊型電子図書館の取り組み

石川 准
静岡県立大学教授

前章では、図書館が視覚障害者等に対して、蔵書である紙の書籍をアクセシブルな電子書籍として提供する実例などを見てきた。

一般に、視覚障害者等が紙の書籍をアクセシブルな電子書籍として利用するには、図書館にテキストデータ化を依頼したり、サピエ図書館を利用するなどの方法があるが、利用したい書籍がすぐに電子化される保障はない。

ここでは、視覚障害者等が自ら購入した紙の書籍を裁断、スキャニングしデジタルデータを作成するといったいわゆる「自炊」を、視覚障害者等が共同で行うことで、本の内容へのアクセス手段を確立しようという「共同自炊」の試みを紹介したい。

6.1 視覚障害者等による共同自炊

視覚障害者等が読書をするには、すでに述べたように、アクセシブルな電子書籍を利用するか、自らいわゆる「自炊」をするかであるが、その自炊を視覚障害者等が共同で行うモデルについて、これから検討したい。これは、視覚障害者が互いに自炊データを持ち寄り、かつ、それを校正し合うといった仕組みである。

視覚障害当事者の「共同自炊型」電子図書館が機能するには、コンテンツの充実が不可欠であり、それには多くの参加者の自炊作業への継続的コミットメントと自炊を促すインセンティブの継続的提供が必要である。共同作業に関する学問的知見と経験的ノウハウは多数ある。しかし、読書のための「共同自炊」という文脈で最も有効に機能する方法が何なのかはいまだ不明であり、実証実験に基づいてそれを明らかにする必要がある。

例えば、「共同自炊」された電子図書の品質（認識率）は参加者のコミットメントとインセンティブに大きな影響を与える。視覚障害当事者による校正には限界があるので、OCR（光学文字認識）の誤認識を自動修正する技術の導入が不可欠であり、それには日本語コーパスと形態素解析研究の成果が有用である。また、利用者が「自炊」した電子データをいちいちブラウザなどを使って手動でサーバにアップロードするのも参加コストを高めることになるが、これはクラウドとローカルのフォルダを同期する技術を用いることで解決できる。だれかが行った「自炊」や校正が直ちにそれぞれのローカルフォルダに反映するというのも共同性や

つながりの感覚を高めると予想される。

多様なデバイスで読書できるようにするための API（アプリケーションプログラミングインタフェース）の提供、主要なデバイスのためのクライアントアプリケーションの開発も「共同自炊」を成功させるためには有効となる。また、テキストデータのみならず、DAISY（デイジー）、EPUB、点字等、多様なメディアでの読書をサポートすることも重要である。そのためには各種フォーマットへの自動変換技術の実装も必要となる。さらには、書名、著者名、出版社情報だけでなく、本の中身について全文検索できる仕組みを実装すると参加により得られる利益はさらに増す。こうした、参加することによる負担を削減し、得られる利益を増大させるためのルールや技術とは別に、電子データの流出を防ぐためのセキュリティ対策技術も不可欠となる。これは社会的信頼を維持し、「共同自炊」のようなオンライン電子図書館を成功させるためには必須の条件であろう。

しかし、視覚障害者個人は、自分がテキスト化した図書を他の視覚障害者に提供することはできない。それは音楽データのファイル交換と同型的違法性を持つことになる。

現行制度において「共同自炊」の違法性を取り除くためには情報提供施設を組織する、あるいは情報提供施設に参加するという方法が考えられる。すなわち、NPO法人等を組織し、権利者の許諾を得てテキスト化を行い、情報提供の実績を積んだ上で、情報提供施設としての認定を文化庁から得るという手順を踏むことでこの問題は解消する。

6.2項では、この共同自炊の概要と、実際に実証実験を行った際のフィードバックを紹介する。

6.2 共同自炊概要

6.2.1 共同自炊型電子図書館実証実験(1) [1)]

共同自炊型電子図書館のスキームは、参加者が読みたい本を自分で買って、それをこの実験に協力するNPOに譲渡する。電動カッターによる本の裁断、ドキュメントスキャナによる画像化、OCRによるテキスト化、目次と見出しの校正、

Dropboxというクラウドのストレージを使ったファイル共有の作業は、実験協力NPOが行う。実験協力NPOは視覚障害者等情報提供施設としての認定を文化庁長官から得ている。

本を注文すると、オンライン書店から実験協力NPOに本が配送され、翌日にはテキストになって、自分のDropboxのフォルダにテキストファイルが自動的にダウンロードされる。他の参加者のDropboxにも同様にダウンロードされる。

これで読みたい本はすぐに読める。ただし誤認識はある。目次と見出し以外は一切校正しないから、誤認識の数は本によりかなり異なる。快適に読書できる場合もあれば、誤りがおおすぎて読もうとする気力を失うこともある。これが共同自炊型電子図書館である。たとえ補助金なし、ボランティアなしでも持続できる電子図書館というコンセプトで運営されている。

共同自炊型電子図書館の実証実験には、3年間で100人が参加し、1,200冊あまりの本をテキスト化した。アンケート調査からは、誤認識はあっても参加者の満足度は高いという結果が出ている。参加者は30代と40代が多い。サピエの平均的読者層とは明らかに違う。

図表6.1に誤認識率の調査結果を示す。

図表6.1 テキストデータの誤認識数の比較

書籍名、	ジャンル、	テストページ	テストデータ文字数	誤認識数合計	誤認識率
驚きの介護民俗学、	社会福祉・看護・介護・障害、	47から48ページ	1334字	3箇所	0.2%、
社会保障の「不都合な真実」、	社会・政治・法律、	173から174ページ	1197字	0箇所	0.0%、
超ヤバい経済学、	経済・経営・ビジネス、	13から14ページ	1536字	4箇所	0.3%、
日本銀行デフレの番人、	経済・経営・ビジネス、	93から94ページ	986字	1箇所	0.1%、
バイオ化する社会、	科学・テクノロジー、	45から46ページ	1271字	4箇所	0.3%、
公共性の政治理論、	社会・政治・法律、	191から192ページ	1682字	17箇所	1.0%、

ハーバーマス（現代思想の冒険者たち Select）、	哲学・思想・宗教、	210から211ページ	1210字	4箇所	0.3%、
統治・自律・民主主義、	社会・政治・法律、	77から78ページ	1514字	47箇所	3.1%、
発達障害のいま、	社会福祉・看護・介護・障害、	193から194ページ	1031字	1箇所	0.1%、
アメリカは日本経済の復活を知っている、	経済・経営・ビジネス、	55から56ページ	1189字	3箇所	0.3%、
日本経済の真相、	経済・経営・ビジネス、	21から22ページ	740字	2箇所	0.3%、

6.2.2　共同自炊型電子図書館実証実験(2)

　市販OCRソフトウェアは、誤認識の自動修正に言語解析を利用することに消極的である。だがそれが効果的であることは、OCRソフトウェアの誤認識の特徴を見れば明らかである。特に自分では修正が難しい視覚障害当事者による「自炊」では、踏み込んだ誤認識の自動修正が必要である。

　そこで国立国語研究所の『現代日本語書き言葉均衡コーパス』を利用してOCR誤認識自動修正プログラムを試作した。25年度、26年度の実証実験では、OCR誤認識自動修正プログラムの修正性能を測定しその有効性を確認した上で、試作したプログラムを使用し、「共同自炊」したテキストの誤認識を継続的に修正した。

　誤りを自動推定した箇所と、誤りを正しく補正した件数を図表6.2に示す。

図表6.2　自動修正プログラムによる誤りの件数と正しく補正した件数

	自動推定した誤りの件数、	正しく補正した件数、	正しく補正した割合、
スキャンデータa、	242件、	134件、	55,40%、
スキャンデータb、	270件、	27件、	10,00%、
スキャンデータc、	113件、	29件、	25,70%、
スキャンデータd、	333件、	68件、	20,40%、

実験には、スキャンデータ a が平野秀典著、『100 万人の心を揺さぶる感動のつくり方』、スキャンデータ b が北川邦弘著、『定年までに資産 1 億円をつくる』スキャンデータ c が野口嘉則著、『「これでいい」と心から思える生き方』、スキャンデータ d がジャネット・アットウッド、マーシー・シャイモフ、クリス・アットウッド、ジェフ・アフレック著、『ブレイクスルー！』と、経営・ビジネス分野の書籍、哲学・思想分野の書籍を用いた。

従来型の OCR に見られがちな、ロを口、トを卜に誤る傾向をルールベースで自動補正した結果として、成功率は、スキャンデータ a、b、d ではルールベースを使わない場合のほうが 1％から 8％程度補正性能が良く、スキャンデータ c においてはルールベースを使った方が 10％から 12％程度補正性能が良くなるという結果が得られた。よって、処理対象の書籍によりルールベースの補正が向く場合と、向かない場合の二通りがあることが確認できた。

6.2.3 利用者の声

(1) プロジェクト満足度

平成 24 年度から 26 年度末に、実証実験参加者へのアンケート調査を行った。本プロジェクト満足度についての回答を図表 6.3 に示す。

図表 6.3　本プロジェクトの満足度

	平成24年度、	平成25年度、	平成26年度、
とても満足、	4名、	15名、	11名、
満足、	21名、	24名、	26名、
普通、	9名、	17名、	12名、
不満、	0名、	5名、	3名、
とても不満、	1名、	0名、	0名、
無回答、	1名、	2名、	0名、
計、	36名、	63名、	52名、

プロジェクト満足度と他の要素について、相関が見られたのは以下の通りである。

1) 正（せい）の相関があったもの
- 専門職や公務員などは、学生・アルバイト・無職に比べて満足度が高い
- 所得が高い人は満足度が高い（r(相関係数)=0,20）
- Dropboxを使いやすいと思っている人は満足度が高い（0,34）
- 文学・ノンフィクションが好きな人は満足度が高い（0,31）
- ビジネス・経済書が好きな人は満足度が高い（0,31）
- 専門書・学術書が好きな人は満足度が高い（0,37）
- 読書媒体として点字を利用している人は満足度が高い（0,28）
- 書籍送付が手軽だと考えている人は満足度が高い（0,28）
- 精度向上に対して追加支払いをするといっている人は満足度が高い（0,42）

2) 負の相関があったもの
- 1か月当たりの図書館での本の貸出し数が多い人は満足度が低い（-0,27）
- 点字図書館を利用している人は満足度が低い（-0,28）
- 医療・福祉・心理・教育関連の本が好きな人は満足度が低い（-0,21）
- 読書媒体として音声DAISY（デイジー）を利用している人は満足度が低い（-0,22）
- 他のメンバー提供の本をたくさん利用している人は満足度が低い（-0,27）
- 本を購入することが経済的な負担だと考える人は満足度が低い（-0,32）
- 文芸書を読みたい人は満足度が低い（0,24）

(2) 本提供数のクロス集計結果
- 専門書・学術書を好んでいる人が多い（0,21）
- 本の購入数が多い（0,64）
- 音声DAISY（デイジー）利用者が多い（0,23）
- テキストファイル利用者が多い（0,27）
- 裁断やOCRなどの自炊作業の負担軽減を参加動機としている人が多い（0,35）
- 参加動機に満足している人が多い（0,27）
- 自分で提供した本の利用時間が長い（0,82）

- ネットで購入してプロジェクトに直送した人が多い（0, 42）
- 自分で提供した本だけを読んでいる人が多い（0, 60）
- 自分で提供した本だけを校正している人が多い（0, 28）
- 書籍送付の手間を手軽だと考えている人が多い（0, 41）
- 精度向上に伴う追加支払いをしてもよいと考えている人が多い（0, 35）
- 認識の精度が悪いと考えている人が多い（0, 31）

6.3　課題と展望

　最後に共同自炊型電子図書館の事業としての持続可能性について現段階での筆者の判断を示す。

　まず利用者が書籍代以外に追加負担してもよいと考えている額は、アンケート調査によれば、1冊当たり100円から200円程度である。これは自炊代行業者に自分の本を送付してPDFにしてもらう際の代金とほぼ等しい。一方、自炊作業を一人で行おうとすると多くの作業時間を必要とする。大量の書籍を流れ作業で処理する自炊代行業者であれば低価格で利益が出せるわけだが、1日にせいぜい数冊の書籍が送られてくるものに対しての作業となれば、コストダウンは難しい。ゆえに規模の小さい共同自炊型電子図書館では、利用者がすべての経費を負担する自立型のアプローチは成り立たない。

　もちろん外部から継続的にある程度の支援があれば、共同自炊型電子図書館は機能するし、とても有益である。共創的アプローチを導入して、誤認識の修正を行い、品質を高めていくこともできるだろう。できれば見出しをマークアップする作業もしてもらえるとなおよい。見出し単位での移動ができればアクセシビリティはさらに向上する。

　未校正のテキストは誤認識が多いが、質よりも速度を重視する人は誤認識に耐えてすぐに読む。読書実績やリクエストに応じてボランティアが校正作業を行う。そのときに誤り自動推定機能を活用すれば校正作業の効率は高くなる。やがて速度より質を優先する人が誤認識の少ない状態になった本を読む。共同自炊型電子

図書館における電子書籍の質的向上は以上のような流れになる。

共同自炊型電子図書館はサピエのサービスにアドオンすることも可能である。現状、視覚障害者情報提供施設の関係者には未校正図書の配信への抵抗感が強い。作るからには質にこだわりたいという気持ちはよく理解できるし、そうあるべきだ。だが、提供する側と読者側には意識のずれがある。読者は必ずしも速度や量より質を重視しているわけではない。しかし提供側は質を重視してきた傾向がある。ニーズはますます多様化していく。時代の流れとともに人は入れ替わり、考え方も変わっていくはずだ。

そもそも新刊書籍については OCR によるテキスト化作業が不要になる時代がやがて来る。平成 28 年 4 月施行の障害者差別解消法は民間事業者に「合理的配慮」の努力義務を課している。本を買ったけれども目が見えないので電子データを提供してもらいたい。こうした要求は典型的な合理的配慮要求である。努力義務であるからさしあたりはそれを拒んでも違法とはならない。だがこの法律は早晩民間にも浸透していく。本を読む自由と権利はだれにでもあるからだ。

註

1) 平成24年度〜平成26年度 文部科学省科学研究費助成事業（科学研究費補助金）基盤研究(A)「視覚障害当事者の共同自炊型オンライン電子図書館を実現するための条件に関する研究」。

7章
ウェブアクセシビリティと電子書籍

山田　肇
東洋大学教授

ここまで、視覚障害者等の読書には、ICT技術を活用し、紙の書籍をアクセシブルな電子書籍化することが有効であることを見てきた。しかし、現代の情報化社会においては、情報は書籍に限らず、さまざまな媒体を通じても提供されており、昨今その重要性が増しているのがウェブ媒体である。この分野では、電子書籍に先駆けて、アクセシビリティの実装へのさまざまな試みがなされてきた。

 本章では、その試みを整理しながら、電子書籍への応用について可能性を探り、さらに視覚障害者等の情報アクセスについて、書籍とウェブ双方の重要性や共通性を論じる。

7.1 マークアップとマークアップ言語

 書籍・文書を完成させる過程で、校正が実施される。字句や体裁の不具合を、最終的な印刷の前にあらかじめ修正する作業である。その際、「ここは見出し」「ここはイタリックに」というように指示をすることを、英語で mark up（マークアップ）という[1]。

 文書を画面に表示する際にも、あらかじめマークアップが付加されていれば、それを手がかりとして、例えばある字句だけフォントを代えて拡大し、見出しとして表示できる。段落などの構造やフォントサイズ、スタイルなどの見栄えについて指示する言語を、マークアップ言語という。ウェブで多く利用されるHTML（ハイパーテキストマークアップ言語）が Timothy John Berners-Lee（ティム・バーナーズ・リー）によって開発されたのは1990年前後であって、それ以来、HTMLはマークアップ言語の主流として利用されてきた。

 HTMLで「東洋大学」を大見出しとして指定するには、

```
<h1>東洋大学</h1>
```

と記述すればよい。<h1>は見出しの始点を、</h1>は終点を意味し、あいだに挟まれた字句「東洋大学」が大見出しの本体である。文書を閲覧に供するために用いられるブラウザは、HTMLで指定された<h1>や</h1>などのマークアップを解釈

し、例示の場合には「東洋大学」という四文字が大きく・太く・前後にスペースを取って表示されるようになる。文書内の大見出しだけを飛ばし読みしたいという視覚障害者のニーズには、HTMLで書かれたソースコードの中から、〈h1〉と書かれた箇所を見つけ出して、読み上げればよい。

　世の中には数多くのブラウザが、音声ブラウザを含めて存在する。文書の数は膨大で、作成者もさまざまである。どのブラウザを用いても、どのような文書も正しく閲覧できるためには、それぞれの文書に付加するマークアップの意図が、すべてのブラウザで正しく解釈される必要がある。これを保証するために実施されるのが標準化活動である。

　本章では、HTMLを含め、ウェブそのものとウェブアクセシビリティに関わる標準化活動を振り返り、最後に、ウェブアクセシビリティと電子書籍アクセシビリティの関係について提言する。

7.2　ウェブ標準とアクセシビリティガイドライン

7.2.1　ウェブに関する標準化活動

　ティム・バーナーズ・リーは、1989年に、世界中がつながるWWW（ワールドワイドウェブ、略してウェブ）の概念を提案した[2]。ウェブは、文書に別の文書へのリンクをマークアップして複数の文書に相互参照関係を生み出す、インターネット上に形成されるハイパーテキストの枠組みである。ちなみに、「ウェブ」は「蜘蛛の巣」を意味する英単語であって、多くの文書で蜘蛛の巣のように相互参照が張り巡らされた姿をあらわしている。

　「わが国の私立大学一覧」という文書に掲載されている「東洋大学」という大学名をクリックすると、「東洋大学ウェブサイト」にリンクされ、東洋大学に関する詳細情報が入手できるとしよう。「わが国の私立大学一覧」と「東洋大学ウェブサイト」は、元々は別の作成者による別の文書であったが、リンクを張ることによってあたかも一つの文書のようになるが、これを「超文書（ハイパーテキスト）」と呼ぶ。

　1994年にティム・バーナーズ・リーは、W3C（ワールドワイドウェブコンソー

シアム）を組織し、世界レベルでの標準化に乗り出した[3]。

1997年1月にはHTML 3.2が勧告化され、同年12月にはHTML 4.0が勧告化された。

W3Cでは完成した標準を勧告と呼ぶが、これは完成版に従うか従わないかが関連業界に任されているからである。また、HTMLに続く子番号は、バージョンを意味する。

W3Cは民間の非営利標準化団体であるが、HTML 4.0はさらに洗練されて、ISO/IEC 15445 : 2000 "Information technology -- Document description and processing languages -- HyperText Markup Language (HTML)" という公的国際標準となった[4]。また、直後に翻訳されて、JIS X 4156 : 2000「ハイパーテキストマーク付け言語（HTML）」という国内標準（JIS規格）になった。

最新のHTML標準は、2014年に改定されたHTML5である。

W3CにはHTMLのほかに、CSS（カスケーディングスタイルシート）、XML（エクステンシブルマークアップ言語）、XHTML（エクステンシブルハイパーテキストマークアップ言語）などの勧告もある。CSSはウェブページのスタイルを指定するもので、HTMLと組み合わせて使用される。マークアップ言語は文書の構造と見栄えを指示する言語であると先に説明したが、HTMLが構造を、CSSが見栄えを担当していると考えればわかりやすい。

7.2.2　ウェブアクセシビリティの必要性

Netcraft Ltd.（ネットクラフト有限責任会社）の調査によると、2015年4月時点でのウェブサイト数は8億4,903万サイトに達している[5]。人々はウェブサイトに接続して情報を受信し、また発信している。

障害者も同様である。ボランティアの読み上げを録音したカセットテープを数日後に郵送で受領して、視覚障害者が新聞を「読んでいた」時代があった。今では、新聞社のウェブサイトにアクセスし、読み上げソフトを活用すれば、健常者と同じタイミングで最新ニュースを知ることができるようになった。ほかにも多くの実例があるように、ウェブは多くの利益を障害者にもたらした[6]。

しかし、障害者への対応が不足しているウェブサイトも多数存在する。

7.2 ウェブ標準とアクセシビリティガイドライン　105

　東洋大学ウェブサイトで「大学紹介」から「組織・役員・役職者」へと降りていくと、竹村牧男学長のメッセージが掲載されたページにたどり着く。メッセージの上に学長の半身写真があるが、視覚による情報入手ができない視覚障害者には、何が掲載されているか伝わらない。この部分の HTML テキストは次のようになっている。

```
<img alt="画像：竹村　牧男" src="/uploaded/image/1692.jpg" width="135" height="190" />
```

　ここで、src="/uploaded/image/1692.jpg は東洋大学ウェブサイトのサブディレクトリである uploaded フォルダの中に保存されている 1692.jpg という名称の JPEG 画像ファイルを指している。画像ファイルの中身は学長の半身写真で、その前の、alt（オルト）="画像：竹村　牧男"が画像の説明である。学長メッセージのページでこの画像イメージに差し掛かると、音声ブラウザは「がぞう：たけむら　まきお」と読み上げるようになっている。

　画像の説明である alt（オルト）="画像：竹村　牧男"がなくても、同じ画像ファイルの中身を表示できる。一部の音声ブラウザは、そのような場合には、この部分を読み飛ばすように作り込まれている。ほかの音声ブラウザは、「1（いち）6（ろく）9（きゅう）2（にー）」などと読み上げるように作られている。いずれにしろ、竹村牧男学長の半身写真があるとは伝わらない。alt（オルト）情報の有無によって、音声ブラウザで閲覧している者に、何があるかが伝えられたり、伝えられなかったりする。

　ここで説明した、画像イメージに alt（オルト）情報のマークアップが付加されていないウェブサイトは、視覚障害者への対応が不足しているウェブサイトの一例である。

　マークアップの付加方法によって情報が伝わらない場合もあるという、ウェブアクセシビリティの問題に早く気づいたグループの一つが、Nordic Cooperation on Disability である。デンマーク、フィンランド、アイスランド、ノルウェー、

スウェーデン政府が共同して組織したグループであって、1993年に"Nordic Guidelines（ガイドラインズ）for Computer Accessibility"を刊行した。1998年発行の第2版では、ウェブアクセシビリティに言及している[7]。第2版では、情報受発信を妨げる障壁として、視覚障害者について画像イメージを、聴覚障害者について音声情報を例示した。また、肢体不自由者にとっては、フォーム入力などが障壁になるとした。そして、ウェブ上でのコンテンツを構造化し、複数の形式で出力できるようにすることなどがアクセシビリティを改善すると推奨した。

ウェブアクセシビリティを改善するためには、alt（オルト）情報などをあらかじめコンテンツにマークアップを付加しておき、ブラウザはマークアップを正しく解釈する必要がある。このような状況を実現するために、ウェブアクセシビリティに関する標準化活動が不可欠になった。

7.2.3　ウェブアクセシビリティの標準化

W3Cは、ウェブアクセシビリティの重要性に気づき、1996年にウェブアクセシビリティを扱うグループを組織化するよう関係者が動き出した。成果として、WAI（ウェブアクセシビリティイニシアティブ）が、1997年に結成された[8]。

WAIは三つの分野でガイドラインの作成に着手した。第一の分野は、障害者を含め誰もがアクセスできるコンテンツにすることを目的に書かれた、コンテンツに関するガイドラインである。活動は、1999年にWCAG1.0（ウェブコンテンツアクセシビリティガイドライン1.0）として結実した[9]。

第二の分野は、ブラウザなどを開発する者に向けてのガイドラインである。ブラウザやメディアプレイヤーを総称して、ユーザエージェントと呼ぶので、ガイドラインはUAAG1.0（ユーザエージェントアクセシビリティガイドライン1.0）として、2002年に勧告化された[10]。第三の分野は、ウェブページを作成するために利用するオーサリングツール（HTMLエディタとも呼ばれる。）に関するガイドラインである。ATAG1.0（オーサリングツールアクセシビリティガイドライン1.0）は2000年に完成した[11]。

「コンテンツ」を作成するために利用するのが「オーサリングツール」であり、

できあがった「コンテンツ」を閲覧するには，「ユーザエージェント」自体にアクセスできる必要がある．WCAG，UAAG，ATAG という三つのガイドラインによって，ウェブページの作成から閲覧までのすべてがカバーされた．

　日本は高齢化が進行しているため，高齢者と障害者をひとくくりにして，アクセシビリティ標準を開発してきた．情報分野では，JIS X 8341 シリーズがアクセシビリティを規定し，総称は「高齢者・障害者等配慮設計指針－情報通信における機器，ソフトウェア及びサービス」である．JIS X 8341-3：2004「第3部：ウェブコンテンツ」がウェブアクセシビリティに関わる国内標準であって，制定は 2004 年であった．その際には，内外ですでに作られている指針を分析し，とりわけ WCAG1.0 を参考にした．

　JIS X 8341-3：2004 には，先に説明した alt（オルト）情報に関連して，「アクセス可能でないオブジェクト，プログラムなどには，利用者がその内容を的確に理解し操作できるようにテキストなどの代替情報を提供しなければならない．」という技術的条件が規定されている．アクセス可能でないオブジェクトには，Nordic Guidelines（ガイドラインズ）が例示した，視覚障害者にとっての画像イメージや聴覚障害者にとっての音声情報が含まれる．加えて，「画像には，利用者が画像の内容を的確に理解できるようにテキストなどの代替情報を提供しなければならない」という，より詳細な技術的条件も設けられた．代替情報の具体例が alt（オルト）情報である．また，フォーム入力については，「入力に時間制限を設けないことが望ましい．制限時間があるときには事前に知らせなければならない．」という技術的条件が設けられた．

　JIS X 8341 シリーズの総称には，「高齢者・障害者配慮設計指針」とある．2004 年に初版が作成された JIS X 8341-1：2004「第1部：共通指針」は，適用範囲が「この規格は，主に高齢者，障害のある人々及び一時的な障害のある人々（以下，高齢者・障害者という．）……」という文章で始まっている．2008 年の共通指針第2版 JIS X 8341-1：2008 では，「この規格は，感覚，身体，及び認知に関して幅広い能力をもつ人（一時的な障害をもつ人及び高齢者を含む．）……」と書かれている．JIS X 8341 シリーズは適用範囲を障害者に限らず，より広い範囲の人々を対象としている．JIS X 8341-3：2004 でも同様で，共通指針

JIS X 8341-1 : 2004の表現がそのまま用いられた。このように、JIS規格は障害者のためだけの標準ではないことに注意を払う必要がある。

7.2.4　ウェブコンテンツアクセシビリティガイドライン第2版の誕生

　WCAG1.0を完成させたのち、急激に進歩するウェブ技術を反映させるために、W3C・WAIは改正作業を開始した。2008年に作業は完了し、第2版にあたるWCAG2.0が公開された[12]。ATAG1.0とUAAG1.0の改正作業も完了し、ATAG2.0とUAAG2.0が発行されている。

　WCAG2.0は、ISO/IEC 40500 : 2012 "Information technology -- W3C Web Content Accessibility Guidelines（ガイドラインズ）(WCAG) 2.0"として2012年に公的国際標準に採用された。日本のJIS X 8341-3も2010年にWCAG2.0に整合するように改定され、2016年に再改定された。以下、国際的な動向を説明する際にはWCAG2.0という表現を用い、国内動向に関連してはJIS X 8341-3 : 2016を用いるが、両者の技術的条件は同一である。なお、JIS X 8341-3 : 2016では、適用範囲は「高齢者及び障害のある人を含む全ての利用者」となった。

　WCAG2.0は、提供される61の技術的条件をレベルA、レベルAA（ダブルエー）、AAA（トリプルエー）の三つのグループに区分した。そして、適合レベルAに適合するとはレベルAの25項目すべてを満たす、適合レベルAA（ダブルエー）に適合するとはレベルAとAA（ダブルエー）の合計38項目のすべてを満たす、というように、適合レベルを定義した。

　一般的には、適合レベルAよりも適合レベルAA（ダブルエー）のほうが、さらに適合レベルAAA（トリプルエー）のほうが、達成は難しい。しかし、適合レベルは、単に技術的な難易度だけでなく、利用していく際にアクセシビリティに与える重要性も考慮して設定されている。つまり、適合レベルAには、最低限それらを満たさないと、広い範囲の多数の利用者に大きな影響を与えるような重要な技術的条件が並べられている。適合レベルAA（ダブルエー）に適合すれば、より広い範囲の、より多数の利用者がアクセス可能になる。

　なお、WCAG1.0には適合レベルという考え方がなかったため、掲載されている技術的条件の中からいくつかを選び、選んだものだけを満たして「準拠」と称す

るといったケースもあった。WCAG2.0 からは「つまみ食い」は許されなくなった。

　適合レベルという考え方は、技術的条件を満たしているかどうかが明確に判断できなければ機能しない。WCAG2.0 の技術的条件は、原理的に試験が可能なものになっている。例えば、光の明滅によって光感受性発作を誘発する人がいるが、光感受性発作を避ける技術的条件は、WCAG1.0 では「早い周期での画面の点滅を避けなければならない。」とだけ書かれていた。これに対して、WCAG2.0 では「どの1秒間においても3回以下である。」という形で、周期の上限が明示された。

　WCAG1.0 を改正しなければならなかったのは、ウェブの技術進歩が著しく速く、古い技術的条件が次々に通用しなくなったためである。将来にわたって頻繁な改正を避けるには、標準の中で特定の技術について触れなければよい。そこで、特定の技術に言及しない形で技術的条件を記述する「技術非依存」という考え方が、WCAG2.0 では採用された。

　JIS X 8341-3：2004 でも、実は、技術的条件を記述した本文そのものには特定の技術が書かれているわけではなかった。しかし、特定の技術についての対応が例示の形で多く掲載されていたため、標準を読む利用者は、特定の対応が推奨されているように感じてしまうという傾向があった。これに対して、WCAG2.0 に整合した JIS X 8341-3：2016 では、例示は一切掲載されていない。このため、新しいウェブ技術が普及し、例えば、画像の代替情報として alt（オルト）属性を用いる以外の方法が主流になった場合でも、標準を改正する必要はなくなった。

7.3　ウェブアクセシビリティの普及と日本の対応

7.3.1　世界各国での義務化

　人権意識の高揚から、各国は障害者の差別を禁止する法律の制定に乗り出した[13]。

　米国では、1990年に「ＡＤＡ（障害を持つアメリカ人法）」が成立し、同法第302条は、公共性のある施設についてアクセシビリティを保証することを義務とした。オーストラリアでは、1992年に「障害者差別禁止法」が制定され、第24条で、支払いの有無を問わず、商品やサービスを提供するまたは施設を提供するものが、他人の障害を理由に提供を拒絶することなどを禁止した。

英国では、1995年に「障害者差別禁止法」が制定され、同法第19条で、サービス提供者が一般市民に提供するサービスを障害者に対して拒絶したり、意図的に提供しなかったりすることを禁止した。このほか、ドイツでは2002年に「障害者機会均等法」が施行されるなど、障害者差別を禁止する法律が世界各国で制定・施行されていった。

障害者への差別を法律によって禁止するという世界的な動きは、2006年の国際連合での「障害者の権利に関する条約（以下、障害者権利条約）」の採択に昇華した。障害者権利条約は人権条約であり、障害者が他の者と平等に自立し、生活のあらゆる側面に完全に参加するため、公衆に提供される施設やサービスを利用する機会を確保するように条約を締結した国に求めた。公衆に提供される施設やサービスの中には、物理的環境や輸送機関と並んで、情報通信（情報通信機器及び情報通信システムを含む。）が明記されている。

日本は2007年に障害者権利条約に署名したが、国内法制を障害者権利条約が求める水準に合わせるのに時間がかかり、批准は2014年までずれ込んだ。日本は世界で第140番目の条約を締結した国である。

説明してきた施設・サービスにウェブは含まれるのだろうか。障害者差別禁止法の制定が各国で開始された1990年代には、ウェブは広く利用されているわけではなかったため、当時は対象とは捉えられていなかったのは間違いない。しかし、ウェブの発展は、障害者が生活のあらゆる側面に完全に参加するためにウェブは必要不可欠なものである、との理解を各国に生み出していった。こうして、障害者差別禁止法の対象範囲にウェブは含まれると次第に解釈されるようになり、ウェブアクセシビリティの義務化、特に公共機関ウェブサイトのアクセシビリティを義務化しようという動きが始まった。

欧州連合は、2014年に公共機関ウェブサイトにおけるアクセシビリティ義務化の欧州指令案を欧州議会で可決し、WCAG2.0の適合レベルAA（ダブルエー）に準拠するように求めることにした。英国は、政府方針として、英国政府のすべてのウェブサイトで適合レベルAA（ダブルエー）を目標としている。オーストラリアも、政府機関が守るべきウェブアクセシビリティ指針は、適合レベルAA（ダブルエー）への適合である。

世界各国が、公共機関ウェブサイトについて適合レベル AA（ダブルエー）を目指しているのは、障害者の人権を守る重要性を考えると、適合レベル A がカバーするよりも広い範囲の人々にとって、公共機関ウェブサイトはアクセス可能であるべきだとの共通認識が、各国に生まれたからにほかならない。

7.3.2　日本におけるウェブアクセシビリティ対応

　日本は障害者権利条約の批准が遅れたように、人権の視点からの障害者政策は進んでいなかった。しかし、障害者権利条約批准のため、2011 年に障害者基本法が改正されたのを皮切りに、2013 年には「障害を理由とする差別の解消の推進に関する法律（以下、障害者差別解消法）」が制定されるなど、少しずつ各国と同様の方向に動き出している。

　障害者差別解消法は第 6 条第 1 項で「政府は、障害を理由とする差別の解消の推進に関する施策を総合的かつ一体的に実施するため、障害を理由とする差別の解消の推進に関する基本方針を定めなければならない。」と規定している。第 6 条第 1 項に基づいて、政府は、基本方針を 2015 年 2 月に閣議決定した。基本方針には、情報アクセシビリティに関連して以下の記述がある。

　法は、不特定多数の障害者を主な対象として行われる事前的改善措置（いわゆるバリアフリー法に基づく公共施設や交通機関におけるバリアフリー化、意思表示やコミュニケーションを支援するためのサービス・介助者等の人的支援、障害者による円滑な情報の取得・利用・発信のための情報アクセシビリティの向上等）については、個別の場面において、個々の障害者に対して行われる合理的配慮を的確に行うための環境の整備として実施に努めることとしている。新しい技術開発が環境の整備に係る投資負担の軽減をもたらすこともあることから、技術進歩の動向を踏まえた取組が期待される。

　また、環境の整備には、ハード面のみならず、職員に対する研修等のソフト面の対応も含まれることが重要である。

　障害者差別の解消のための取組は、このような環境の整備を行うための施策

> と連携しながら進められることが重要であり、ハード面でのバリアフリー化施策、情報の取得・利用・発信におけるアクセシビリティ向上のための施策、職員に対する研修等、環境の整備の施策を着実に進めることが必要である。

　基本方針は、今後、各府省それぞれの施策に展開されていくが、「情報の取得・利用・発信におけるアクセシビリティ向上のための施策」が着実に進められるよう期待したい。

　総務省は、障害者権利条約の批准より前から、情報アクセシビリティに関する施策を展開してきた。ウェブアクセシビリティについては、「みんなの公共サイト運用モデル」を 2004 年に策定した。JIS X 8341-3 が 2010 年に改正されたのを受け、「みんなの公共サイト運用モデル改定版（2010 年版）」が公表されている。改定版は、府省・地方公共団体が既に提供しているウェブサイトに対しては、2013 年度末までに適合レベル A に準拠、2014 年度末までに適合レベル AA（ダブルエー）に準拠を求めた。また、新規に構築する場合には、構築時に適合レベル AA（ダブルエー）に準拠するように求めた[14]。

　しかしながら、総務省の「みんなの公共サイト運用モデル改定版（2010 年版）」には強制力がない。このため府省・地方公共団体の取り組みは実際には遅れている。アライド・ブレインズ株式会社は公共機関ウェブサイトの全ページを対象に、JIS X 8341-3：2016 の適合レベル A を基準に、対応状況を調査した。府省・国会・裁判所など計 50 サイトに関する調査は 2015 年 1 月に実施され、合計 146 万 9,477 ページのうち 80 万 6,664 ページ（55％）に問題があると確認された[15]。2013 年 5 月に実施された、北海道を除く 46 都府県に関する調査では、合計 184 万 266 ページのうち 112 万 8,696 ページ（61％）で対応に問題があると確認された[16]。すでに説明したように、適合レベル A は最低限の基準であり、各国では適合レベル AA（ダブルエー）準拠が一般的となっている。日本の主要な公共機関のウェブサイトの半数以上において、適合レベル A が守られていないという現状は、「みんなの公共サイト運用モデル改定版（2010 年版）」が求める水準に程遠い。障害を理由とする差別の解消の推進に関する基本方針を着実に実施

する必要がある。なお、「みんなの公共サイト運用モデル改定版（2010年版）」は2016年に再改定され、「みんなの公共サイト運用ガイドライン」として総務省から公表された。

　日本のすべての行政機関で適合レベルAA（ダブルエー）準拠を目標にCMS（コンテンツマネジメントシステム）を導入するリニューアル費用の総計は170億円と計算される。一方、ウェブアクセシビリティへの対応によって障害者（身体障害者）の雇用率が0.1％上昇すると、年間109億円の収入増が障害者にもたらされる。障害年金受給者の0.1％が半額支給から停止に移ると、停止される障害年金の総額は年間10億円と試算される。障害者の雇用率が上昇し、あるいは障害者の所得が増加すれば、社会全体として費用対効果が達成できる[17]。それゆえ、ウェブアクセシビリティの徹底は社会経済的に合理的な施策である。

7.4　ウェブアクセシビリティと電子書籍

7.4.1　ウェブコンテンツとしての電子書籍

　ウェブコンテンツは、ウェブサイトに掲載されている情報を意味する言葉なのだろうか。JIS X 8341-3 : 2016にはウェブコンテンツの定義が次のように示されている。

> 　支援技術を含むユーザエージェントによって利用者に提供されるあらゆる情報及び感覚的な体験を指す。

　定義の中には「ネット」に相当する単語がないことに注意してほしい。ウェブコンテンツをネット上に掲載されている、ウェブサイトのような形式の情報だけであると考えるのは、間違いである。

　JIS X 8341-3 : 2016は箇条1「適用範囲」後段で、さらに詳しく、次のように説明している。

> 例えば、インターネット又はイントラネットを介して提供されるウェブサイト、ウェブアプリケーション、ウェブシステムなどのコンテンツ、及び CD-ROM などの記録媒体を介して配布される電子文書が挙げられる。

電子書籍は、印刷物形式であった今までの書籍を置き換えるために、書籍の内容を電子的な情報として記録したものであって、ネット経由のほかに記録媒体を介して配布する場合もある。JIS 規格が説明するように、いずれの配布形式であっても、ウェブコンテンツ技術を用いて制作されたものは、ウェブコンテンツに相当する。

電子書籍はウェブコンテンツ技術を用いて制作されているのであろうか。問いに答えるには、電子書籍に関する標準の構造を知る必要がある。

電子書籍に関して主流の地位を占めつつある有力な標準が E PUB である。E PUB は IDPF（インタナショナルデジタルパブリッシングフォーラム）という民間標準化団体で開発され、最新の版は、2014 年 6 月に発表された、E PUB3.0.1 である[18]。その前には、2010 年 5 月に公表された E PUB2.0.1、2011 年 10 月公開の E PUB3.0 と改定が重ねられてきた。

E PUB の概要を紹介する文書 "E PUB3 Overview" によると、「E PUB の技術仕様は、電子出版と文書を配信し交換するための、フォーマットに関する標準である。E PUB は、構造化され、意味論的に強化されたウェブコンテンツ（HTML5、CSS、SVG や他のリソースを含む）を、単一のファイルフォーマットで配信するために、表現、パッケージングとエンコーディングの手段を定義する。」（筆者翻訳）となっている。

より具体的には、E PUB では、出版物の本体に相当するコンテンツ部分は XHTML[19] で、書誌情報は XML で記述され、コンテンツと書誌情報がまとめて ZIP 形式で保存されている[20]。XML も、すでに説明したように、HTML と同じく W3C で標準化されている。XML は個別の目的に応じて業界団体などがマークアップ言語を規定するのを助けるための技術であり、E PUB 用の XML とは、電子出版という目的のために規定された XML という意味である。一方、ZIP は、データを圧縮して保存するためのフォーマットである。E PUB による電子書籍で核となる部分は、

ウェブコンテンツと見なして構わないことがわかる。

　EPUBのほかに、日本で利用されている電子書籍フォーマットとしてXMDFや.book（ドットブック）が存在する。XMDFはシャープ株式会社が開発したもので、XMLがベースとなっている。一方、株式会社ボイジャーが開発した.book（ドットブック）はHTMLに基づいている。実際、ある文字列をセンタリングして表示するためのマークアップは、HTMLと.book（ドットブック）に共通で\<center\>が利用されている。次は、「東洋大学」という文字列をセンタリングして表示する実例である。

\<center\>東洋大学\</center\>

　以上に説明してきたように、EPUBだけでなく、XMDFや.book（ドットブック）を用いたとしても、電子書籍はウェブコンテンツ技術によって作成されている。

　電子書籍がウェブコンテンツであるということは、電子書籍ビジネスにも影響する。2010年以降、電子書籍が注目を浴び始めたころ、スマートフォンやタブレット向けに出版社や書店が、出版社名や書店名が付いた独自のリーダー（ビューワとも呼ばれるが、本章ではリーダーに統一する。）を提供する事例が相次いだ。リーダーは、電子書籍コンテンツを閲覧可能にするユーザエージェントの一種である。リーダーは、スマートフォンやタブレットのOSのうえで動作するアプリケーション（アプリ）であり、OSが更新されるなどした時には、リーダーをアップデートして変化を吸収するのはリーダー供給者の責任である。しかし、出版社・書店に独自リーダーアプリをアップデートする力がないと、OSが更新された結果、今までに購入してきた電子書籍コンテンツが突然閲覧できなくなるという事態が引き起こされる。

　ウェブサイトには2000年以前に作成された古いコンテンツも存在するが、現在のブラウザで閲覧できないという事態は起きていない。これは、コンテンツとブラウザのインタフェースが、W3CによってHTMLなどの形式で標準化されてお

り、標準化の際には古いコンテンツとの互換性も配慮されているからである。

　ウェブ技術はコンテンツとブラウザを分離することで、世界中の多様な組織・人物がコンテンツを提供できる状況を実現し、それが膨大なコンテンツを生み、人々がウェブを通じて情報を受発信する状況を作り出した。

　自社の電子書籍コンテンツを囲い込むために独自リーダーを提供する出版社・書店の戦略は、ウェブ技術発展の歴史を理解していない。独自リーダー戦略は電子書籍市場を出版社・書店ごとにセグメント化し、閲覧者に不便をしい、長期的には電子書籍市場の発展を阻害する。市場を発展させるために必要なのは、独自リーダー戦略からの脱却であり、次に要約されるような市場構造の実現である。

- 専門的な企業から共通リーダーが提供され、その企業が OS の更新などへの対応に責任を持つ。
- 出版社が提供する電子書籍コンテンツと共通リーダーとのインタフェースは、フォーマット標準によって標準化されている。
- コンテンツとリーダーのインタフェースを標準化する際には、古いコンテンツとの互換性を配慮し、古い電子書籍コンテンツであってもいつでも閲覧できるようにする。

　出版社・書店が独自リーダーを提供する動きは幸いにも終息しつつあり、電子書籍を専門に扱う電子書籍ストアから共通リーダーが提供される状況が生まれている。これは、電子書籍市場を成長させる正しい動向である。紙の書籍はどの書店でも入手可能であるが、同様の状況を実現するだけという見方もできる。いずれにしろ、独自リーダーは一時的なあだ花に過ぎない。

7.4.2　EPUB3 アクセシビリティガイドライン

　電子書籍はウェブコンテンツであると説明した。それでは、電子書籍のアクセシビリティを確保するために、WCAG2.0 を技術的条件として適用する必然性が意識されているかを調べてみよう。

IDPF は EPUB3 の公開に合わせて、"EPUB3 Accessibility Guidelines（ガイドラインズ）"を公開した[21]。ガイドラインの冒頭部分には、EPUBを構成するのは XHTML5、SVG、CSS、JavaScript といったウェブ技術であり、それゆえ、W3Cが規定する二つのアクセシビリティガイドラインに従うべきだとして、WCAG2.0と WAI-ARIA（ウェイ アリア）1.0 を列挙している。WAI-ARIA（ウェイ アリア）1.0 は、先述の W3C・WAI が、リッチインターネットアプリケーションに関するアクセシビリティガイドラインとして作成したものであって、2014 年に勧告化されている。リッチインターネットアプリケーションはウェブ技術を元に、見栄えや操作性を工夫してより豊かな表現を実現したアプリケーションである。その上で、EPUB3 アクセシビリティガイドラインには次の記述がある（以下、いずれも筆者翻訳）。

> 本ガイドラインの目標は、WCAG2.0 と WAI-ARIA（ウェイ アリア）1.0 を代替したり、否定したり、書き換えたりするものではない。二つのガイドラインが提示する最良の実施例を単純化してマッピングし、EPUBによって電子書籍を制作する際に利用しようとするものである。
> 　このサイトで提供されるチェックリストとチェックポイントは、アクセシブルな電子書籍の制作を容易にするように作られたものであり、二つのガイドラインへの適合性を確認するチェックリストではない。

　ガイドラインには、視覚・聴覚など多様な障害に対応するためのチェックリストが提示されている。本章では、視覚障害に関わるアクセシビリティについて主に例示してきたので、図表と画像イメージに関する部分を翻訳すると次の通りになっている。

> 図表
> ●画像、チャート、コードサンプル、その他の二次的コンテンツには、figure tags 中に簡易な説明があった。
> ●図表の表題を示すために、figcaption 要素を使用した。

> 画像
> ●すべての重要な画像には代替テキストが提供された。
> ●すべての重要な画像は本文中で説明した。
> ●装飾目的だけの画像には、代替テキスト欄に空白が挿入された。
> ●ARIA の role 属性として、装飾目的の画像すべてを role="presentation" と記述した。

　チェックリストは、上の翻訳で読み取れるように、図表や画像イメージをどうマークアップを付加すればよいかを具体的に例示したものになっている。WCAG2.0 は技術非依存であると説明したが、対照的に、EPUB3 アクセシビリティガイドラインのチェックリストは特定のウェブ技術に依存する。それゆえにこそ、ガイドラインの冒頭で WCAG2.0 と WAI-ARIA（ウェイ　アリア）1.0 を代替するものではなく、電子書籍の制作を助けるチェックリストを提供するだけと説明したのだと理解できる。

　これまでの説明で読み取れるように、EPUB3 アクセシビリティガイドラインは、WCAG2.0 を技術的条件として適用する必然性を明確に意識したものである。

　EPUB3 アクセシビリティガイドラインの対象は、先にも説明したように、視覚障害者だけではない。「色で情報を伝えようとする際には、意味をあらわすマークアップが使用された」という色覚異常者のためのチェックポイントや、「音声が聞き取れないときには、少なくとも次のいずれかによって助力した：音声コンテンツのテキスト起こし、あるいは、ビデオ映像による手話通訳」という聴覚障害者のためのチェックポイントが含まれている。

7.4.3　音声読み上げに対応した電子書籍制作ガイドライン

　総務省は、2015 年 4 月に「音声読み上げによるアクセシビリティに対応した電子書籍制作ガイドライン」（以下、総務省ガイドライン）を公開した[22]。総務省ガイドラインは、今まで説明してきた WCAG2.0 や EPUB3 アクセシビリティガイドラインと大きく異なる構成を取っている。

音声合成用の XML である SSML（音声合成マークアップ言語）を電子書籍の中にどのように埋め込むかについての規定が、総務省ガイドラインの冒頭に記述されている。例えば、日本語か英語など、どの言語の音声合成エンジンを利用するかを SSML が指定するための lang 属性、男声・女声を指定する gender 属性などをメタデータとしてまず記載するように、総務省ガイドラインは求めている。総務省ガイドラインはタイトルにあるように、音声読み上げを利用する視覚障害者に対してアクセシビリティに対応した電子書籍を提供するためのガイドラインである。

ガイドラインには、加えて、SSML を付記した EPUBを解釈するための、電子書籍リーダーの設計指針が記載されている。EPUB3 アクセシビリティガイドラインが、アクセシビリティに対応したマークアップがコンテンツの中にきちんと付加されているかをチェックするのに限られていたのに対して、総務省ガイドラインは、リーダー、すなわちユーザエージェントによるSSML の解釈方法について詳細に規定している。アクセシビリティに対応した電子書籍リーダーの設計指針が付け加えられている点が、総務省ガイドラインの特異な点である。

さらに総務省ガイドラインは、出版社における電子書籍の制作プロセスについて記述している。読み上げデータを抽出し、正確性をチェック・確認し、必要に応じて修正した後に出荷する一連の制作プロセスが規定されている点も、WCAG2.0 や EPUB3 アクセシビリティガイドラインとは大きく異なる。

すでに説明したように、ウェブではどんなコンテンツもどのようなユーザエージェントでも閲覧できる。これはコンテンツとユーザエージェントのインタフェースが W3C によって標準化されているからであり、それが膨大で多様なコンテンツを生み出すことにつながり、ウェブは社会で広く利用されるメディアに成長した。それに合わせて、W3C WAI は WCAG、UAAG、ATAG という三つのガイドラインを公表してきた。

総務省ガイドラインは、コンテンツとユーザエージェントの両方を同時に規定した上、JIS X 8341-3：2016 を技術的条件として適用する必然性も意識していない。総務省ガイドラインには、色覚異常者や聴覚障害者に関する言及がなく、高齢者、障害者と一時的に障害のある人を同列に扱う JIS X 8341-3：2016 に比

べて、適用範囲が限定的である。

7.5　アクセシビリティガイドラインのあり方と提言

7.5.1　アクセシビリティガイドラインの相互比較

　ここまで説明してきたアクセシビリティに関する各種ガイドラインの性質をまとめ、相互比較してみよう。

　JIS X 8341-3：2004 は、2004 年に制定されたウェブコンテンツに関するガイドラインである。主に高齢者、障害のある人々および一時的な障害のある人を適用範囲とし、障害者には視覚障害・色覚異常・聴覚障害・肢体不自由など多様な人々が含まれている。技術的条件は技術非依存で、特定の技術の利用を推奨するものではない。試験可能ではない技術的条件が存在し、また技術的条件の中からいくつかを抽出して対応しただけで「準拠」と宣言できる、曖昧さを内包していた。

　JIS X 8341-3：2016 は、2004 年版から改正を繰り返して、2016 年に制定されたウェブコンテンツに関するガイドラインである。事実上世界標準として扱われている WCAG2.0、およびそれを公的国際標準として採用した ISO/IEC 40500：2012 に整合する国内標準である。主に高齢者、障害のある人を含む全ての利用者を適用範囲とし、障害者には視覚障害・色覚異常・聴覚障害・肢体不自由など多様な人々が含まれている。技術的条件は技術非依存で、特定の技術の利用を推奨するものではない。技術的条件は基本的に試験可能で、レベル A、レベル AA（ダブルエー）、レベル AAA（トリプルエー）の三つのグループに区分され、適合レベルに含まれるすべての技術的条件を満たさない限り、適合と宣言できないようになっている。この点で、JIS X 8341-3：2004 に内包されていた曖昧さは解消されている。

　E PUB3 アクセシビリティガイドラインは 2014 年に公表され、WCAG2.0 などが求めるコンテンツとしてのガイドラインをベースとして、E PUB3 コンテンツ（電子書籍）を制作する際に利用するチェックリストを提供するものである。障害者を適用範囲とし、明記はされていないが視覚障害・色覚異常・聴覚障害・肢体不

自由など多様な障害への対応が考慮されている。技術的条件は技術に依存し、特定のマークアップの付加を推奨している。チェックリストを満たしているからといって、「EPUB3 アクセシビリティガイドライン適合」とは宣言できない。

総務省が 2015 年 4 月に公開したガイドラインは、コンテンツへのマークアップの付加方法だけでなく、ユーザエージェントである電子書籍リーダーの設計のあり方などまでを記載した広範なガイドラインである。視覚障害者による電子書籍の閲覧を促進するために、SSML で定義されている特定のマークアップをどのように付加するかが記述されている。ガイドラインに沿ってコンテンツを作成して、あるいはリーダーを開発して、「総務省ガイドライン準拠」などと宣言する事態は想定されていない。

ガイドラインの記述スタイルは、コンテンツとユーザエージェントが独立して発展してきたウェブの長い歴史を否定するものである。

EPUB3 アクセシビリティガイドラインを翻訳して、コンテンツとしての電子書籍に対するアクセシビリティガイドラインとして独立させる必要がある。コンテンツ側でのアクセシビリティ対応方法が業界内で標準化されれば、ユーザエージェントである電子書籍リーダーは対応せざるを得ない。もし対応しなければ、そのリーダーでは閲覧できない、あるいは閲覧しにくいという評判がたち、市場競争に不利に働くからである。多様な電子書籍コンテンツが数多く発売される一方、閲覧者は電子書籍リーダーを好みで選択できるようになるのが理想である。これは人々が自らの好みで選択したブラウザを用いて、ときには音声ブラウザを用いてさまざまなウェブサイトを閲覧している現状と同様である。総務省および関連業界の努力に期待したい。

EPUB3 アクセシビリティガイドラインは技術依存型である。しかし、特定のマークアップの付加を指定することは、今後の技術進歩を阻害してしまう恐れがある。電子書籍アクセシビリティガイドラインは技術非依存にするのが好ましい。一方で、技術非依存の WCAG2.0 の場合には、ウェブ制作者の参考に供するために"Techniques for WCAG 2.0（WCAG2.0 実装方法集）"が、別の文書として用意されている。実装方法集にはマークアップの付加方法が、実例とともに具体的に説明されている。

同様に、EPUB3 アクセシビリティガイドラインは、電子書籍コンテンツへのアクセシビリティに対応したマークアップの付加方法を説明する実装方法集であると位置づけ、"Techniques for EPUB3 Accessibility"に置き換えるように IDPF に働きかけるのも一案である。

7.5.2　アクセシビリティ対応の義務化

ウェブサイト、特に公共機関ウェブサイトについてはすでに説明したように、各国でアクセシビリティ対応の義務化が進んでいる。法的根拠は障害者差別禁止法であるが、日本で 2016 年に施行された障害者差別解消法にも義務化に関わる類似の規定がある。

第 5 条（社会的障壁の除去の実施についての必要かつ合理的な配慮に関する環境の整備）は、「行政機関等及び事業者は、社会的障壁の除去の実施についての必要かつ合理的な配慮を的確に行うため、自ら設置する施設の構造の改善及び設備の整備、関係職員に対する研修その他の必要な環境の整備に努めなければならない」と規定している。第 7 条（行政機関等における障害を理由とする差別の禁止）は、「障害者から現に社会的障壁の除去を必要としている旨の意思の表明があった場合において、その実施に伴う負担が過重でないときは、障害者の権利利益を侵害することとならないよう、当該障害者の性別、年齢及び障害の状態に応じて、社会的障壁の除去の実施について必要かつ合理的な配慮をしなければならない」と定めている。民間事業者に対しても、第 8 条（事業者における障害を理由とする差別の禁止）に「障害者から現に社会的障壁の除去を必要としている旨の意思の表明があった場合において、その実施に伴う負担が過重でないときは、障害者の権利利益を侵害することとならないよう、当該障害者の性別、年齢及び障害の状態に応じて、社会的障壁の除去の実施について必要かつ合理的な配慮をするように努めなければならない」との、同様の規定がある。

公立図書館で提供する電子書籍が障害者には閲覧できないという事態が発生した場合、障害者は第 7 条に基づいて社会的障壁の除去を求められるし、公立図書館は実施に伴う負担が過重でないときには、障壁を除去しなければならない。電子書籍を発行している民間の出版社に対しても、第 8 条に基づいて、障害者は社

会的障壁の除去を求めることができる。

　障害者差別解消法の施行によって、電子書籍に関連する業界はアクセシビリティへの対応を迫られるようになる。新聞社ウェブサイトが誕生して視覚障害者による最新記事へのアクセスが改善されたように、電子化は紙の書籍が苦手としてきたアクセシビリティの改善に効果がある。電子書籍がアクセシビリティにきちんと対応するようになれば、その効果はいっそう高まる。

　米国では、ＡＤＡによって障害者差別を禁止している。この法律に加えて、連邦政府にアクセシビリティ対応製品やサービスを調達するように義務づける法律が、リハビリテーション法である。同法が1998年に改正された際に、第508条として、連邦政府機関が情報通信機器・サービスを購入またはリースする場合には、障害を持つ職員が障害のない人と同じように機器・サービスを利用できるようにするとの規定が設けられた[23]。第508条は、国民には連邦政府調達に対して行政不服申し立て、あるいは民事訴訟を起こす権利があるということも明記している。第508条の施行によって、連邦政府はアクセシビリティ対応機器・サービスの購入に努めるようになり、一方、情報通信産業もアクセシビリティ対応機器・サービスを積極的に市場に投入するようになった。

　スミソニアン博物館は非営利団体であるスミソニアン機構が運営しているが、資金の多くは連邦政府が提供しているため、リハビリテーション法第508条の適用範囲に含まれる。スミソニアン博物館が展示品に関する説明をするために電子書籍端末を導入した場合、もし端末がアクセシビリティに対応していなければ、国民から民事訴訟を提起される恐れがある。訴訟を回避するために、スミソニアン博物館はアクセシビリティに対応した電子書籍端末の購入に努めざるを得ない。電子書籍端末を提供する民間企業も、一般市場に与える影響を考えれば、スミソニアン博物館の要求に応えてアクセシビリティに対応した電子書籍端末を開発しようと努めるだろう。

　連邦政府を頂点として、米国は国家全体がアクセシビリティを推進する方向に動いている。

　日本の障害者差別解消法では、障害者は社会的障壁の除去を必要としている旨の意思を表明できる。しかし、行政不服申し立てや民事訴訟を提起する権利まで

もが書かれているわけではない。義務化の程度は米国よりも劣っている。

「図書館法」にあるように図書館は、国民の教育と文化の発展に寄与する施設である。地方公共団体の設置する図書館である公立図書館は、地域における教育と文化の拠点であり、国民には利用する権利がある。電子書籍の閲覧がアクセシビリティに対応していないために阻害されるとすれば、利用する国民にとっては大きな人権侵害である。電子書籍へのアクセシビリティを義務化していくことは高度な政治判断であるが、人権の観点で推進すべきである。

7.5.3 提　言

電子書籍は、ウェブ技術を用いたコンテンツの一種である。本章では、電子書籍のアクセシビリティを、ウェブアクセシビリティという大きな枠組みの中で考えてきた。

総務省が公表した電子書籍に関するアクセシビリティガイドラインには、電子書籍はウェブコンテンツの一類型であるとの認識が薄い。電子書籍アクセシビリティガイドラインは、ウェブコンテンツに関するアクセシビリティガイドラインである JIS X 8341-3 : 2016 に立脚していることを明記した上で、実装方法集に名称変更するのがよい。実装方法集では、現時点で最適な、特定のマークアップの付加方法を提示しても構わない。

ウェブアクセシビリティへの対応は各国で義務化が進んでいる。電子書籍がウェブコンテンツの一類型である以上、ウェブアクセシビリティの義務化は、電子書籍でのアクセシビリティの義務化に直結する。障害者差別解消法の施行を契機に、日本もウェブアクセシビリティの義務化の方向に歩みを進めるのが適切である。

註

1) Oxford English Dictionary では、mark up（名詞）が "The process or result of marking corrections on copy or proofs in preparation for printing." と説明されている。

2) 記念すべきTimothy John Berners-Leeの提案は、W3Cのサイトに掲載されている。"Information Management: A Proposal"
http://www.w3.org/History/1989/proposal.html　2015年5月21日アクセス。
3) 村井純・佐藤雅明[2012]「インターネット技術の標準化」『電子情報通信学会誌』、95(2)、pp. 100-104。
4) 世界規模の公的標準化団体には、International Organization for Standardization (ISO：国際標準化機構)、International Electrotechnical Commission (IEC：国際電気標準会議)、International Telecommunication Union (ＩＴＵ：国際電気通信連合)の三つがある。このうち、ISOとIECは情報技術に関する標準化を実施するため、Joint Technical Committee 1 (JTC1：第一合同技術委員会)を組織している。JTC1で作成した標準には、両組織の名称がISO/IECという形で付される。
5) Netcraft, "April 2015 Web Server Survey" http://news.netcraft.com/archives/2015/04/20/april-2015-web-server-survey.html　2015年5月21日アクセス。
6) 山田肇[2008]「情報アクセシビリティをめぐる最近の動向」『電子情報通信学会誌』91(8)、pp. 732-736。
7) "Nordic Guidelines for Computer Accessibility Second Edition" [1998]
http://trace.wisc.edu/docs/nordic_guidelines/nordic_guidelines.htm　2015年5月21日アクセス。
8) W3C WAIのウェブサイトは次の通りで、本章で説明する多くについて詳細な情報が掲載されている。http://www.w3.org/WAI/
9) W3C WAI, "Web Content Accessibility Guidelines 1.0,"
http://www.w3.org/TR/WCAG10/　2015年5月21日アクセス。
10) W3C WAI, "User Agent Accessibility Guidelines 1.0,"
http://www.w3.org/TR/UAAG10/　2015年5月21日アクセス。
11) W3C WAI, "Authoring Tool Accessibility Guidelines 1.0,"
http://www.w3.org/TR/ATAG10/　2015年5月21日アクセス。
12) 山田肇[2011]「ウェブアクセシビリティの標準化と普及への課題」、『科学技術動向2011年5月号』、pp. 20-35。
13) 山田肇・遊間（ゆうま）和子[2014]「ウェブアクセシビリティ義務化は合理的な政策か」『国際公共経済研究』(25)、pp. 165-174。
14) 前掲書12)。
15) アライド・ブレインズ株式会社[2015]「国のホームページ約55%(80万ページ超)が障害者・高齢者配慮のJIS規格最低基準を満たさず～問題ページが約4万5千増加～」
http://www.a-brain.com/news/2015/20150312.html　2015年5月21日アクセス。
16) アライド・ブレインズ株式会社[2013]「都道府県のホームページ約6割(約113万ページ)が障害者・高齢者配慮のJIS規格最低基準を満たさず」
http://www.a-brain.com/news/2013/20130627.html　2015年5月21日アクセス。
17) 同上。
18) IDPFのウェブサイトは次の通りで、本章で説明する多くについて詳細な情報が掲載されている。http://idpf.org/
19) XHTMLは、HTMLの発展形であって、HTMLをXMLの形式で表現したものである。
20) 林拓也[2012]『EPUB3 電子書籍制作の教科書』、技術評論社。

21) IDPF, "E PUB 3 Accessibility Guidelines," http://www.idpf.org/accessibility/guidelines/　2015年5月21日アクセス。
22) 総務省[2015]「音声読み上げによるアクセシビリティに対応した電子書籍制作ガイドライン」(2015年4月) http://www.soumu.go.jp/main_content/000354698.pdf　2015年5月21日アクセス。
23) 遊間（ゆうま）和子・山田肇[2013]「公共調達での情報アクセシビリティ義務化：米国の実例と経済学的解釈」『国際公共経済研究』(24)、pp.203-212。

8章
電子書籍音声読み上げの現状と展望

松原　聡（さとる）
東洋大学教授

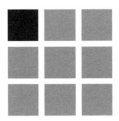

第 4 章以降、視覚障害者等が紙の書籍や Web などの既存の情報をアクセシブルな形で利用する方法について検討を進めてきた。一方、一部の電子書籍は OS の支援機能を利用することで、そのままの形で音声読み上げが可能となっている。これは、電子書籍のテキストデータを OS の機能によって抽出して音声読み上げするものであるが、たとえば同じ漢字に複数の読みがある場合に、誤った読み上げになるケースがあり、正確な音声読み上げは難しい。

本章では、人手による修正を経ない、OS の支援機能による音声読み上げの精度の検証を行う。

8.1　OS アクセシビリティ機能の調査

8.1.1　iOS の音声読み上げ機能

現在、日本で電子書籍ストアの中で、Kindle ストアは約 50 万タイトルを抱え、最大級の規模を誇る。その中でリフローに対応するものは iOS や Android のデバイスを使用して、OS のアクセシビリティ機能を用いることで音声読み上げが可能となっている。しかし、デバイス側の API（アプリケーションプログラミングインタフェース）を用いて電子書籍のテキストを読み上げる形をとっているため、誤読は必然的に発生する。

一方、SSML（音声合成マークアップ言語）を用いるなどして、出版社などがあらかじめ正しい読みを指定する方法をとれば、100%の正しい読み上げが可能となる。ただしこの場合には、制作支援ツール等を用いた読み上げ情報の付与と、校正・修正の作業が必要となり、相当のコストや時間がかかることになる。

Kindle ストアで販売されている書籍を iOS などで音声読み上げさせる機能を「OS 音声読み上げ機能」とし、SSML を用いて人手をかけて 100%正確な読み上げを目指す機能を「SSML 音声読み上げ機能」として、前者の誤読発生率の調査を行った。「OS 音声読み上げ機能」の質が高ければ、あえてコストをかけた「SSML 音声読み上げ機能」は必要ないことになるし、逆に、「OS 音声読み上げ機能」が実用に耐えないものであれば、100%の正しい読み上げが期待できる「SSML 音声読み上げ機能」の開発が必要となる。

本章では Kindle ストアで販売されている電子書籍を、iPad の OS（iOS）のアクセシビリティ支援機能を用いて実際に音声読み上げを行い、誤読の発生率の測定を行った。その誤読について、測定したすべてのケースで、OS のアクセシビリティ機能の辞書の改善等によって今後修正が可能とみられるか否かの判定も行った。

8.1.2　評価対象および評価方法

「OS 音声読み上げ機能」の誤読発生率調査にあたっては、対象書籍を六つのジャンルに分けた。これは、ジャンルによって、音声読み上げの誤読発生率に大きな差が出ると考えたからである。

ジャンルは、「文学・評論」、「歴史」、「経済学・経済事情」、「語学・辞典・事典・年鑑」、「数学」、「資格・検定・就職」の六つである。「文学・評論」は、電子書籍発行数が多い分野で、また読み間違いも比較的少ないと思われるジャンルであり、「歴史」は、歴史上の人物等の固有名詞について読み間違いが起こりやすいと思われるジャンルである。また、「経済学・経済事情」は、経済用語や数式について読み間違いが起こりやすいと考えられ、「語学・辞典・事典・年鑑」は多言語の読み上げで読み間違いが起こりやすいと考えられるジャンルである。また、「数学」は、数式や記号等の読み上げ、さらに画像化されたデータなどが多く、読み間違いが起こりやすいと考えられ、「資格・検定・就職」は、表組みや図表が多用され、読み間違いや読み飛ばしが起こりやすいと考えられるジャンルである。

この六つのジャンルから、図表 8.1 から 8.6 に示す Kindle ストアランキング 2015 年 2 月段階で販売上位の電子書籍各 5 冊、計 30 冊を選定し、iOS 上の Kindle アプリで、iOS のアクセシビリティ支援機能である VoiceOver を用いて実際に読み上げを行い、誤読の発生を調査した。また、図表右欄の評価箇所よりランダムで選んだ 4 ページから 10 ページを調査対象とした。

図表8.1 Kindleストア　文学・評論ジャンル（2015年2月16日付けTop5）

順位	タイトル、	評価箇所、
1位、	不連続の世界、	木守り男、
2位、	最後の晩餐（文春（ぶんしゅん）文庫）、	どん底での食欲、
3位、	アイネクライネナハトムジーク、	アイネクライネ、
4位、	壊れたおねえさんは、好きですか？、	はじめに、 「闇フェロモン」とはなにか、
5位、	フィフティ・シェイズ・オブ・グレイ〔上〕、	1、

図表8.2 Kindleストア　歴史ジャンル（2015年2月17日付けTop5）

順位	タイトル、	評価箇所、
1位、	悪の出世学　ヒトラー、スターリン、毛沢東、	第1章　スターリン、
2位、	空海（くうかい）は、すごい　超訳　弘法大師のことば、	プロローグ、 第1章　空海（くうかい）と日本、
3位、	歴史が創る国民性　それで歴史は繰り返す：米・中・韓・独そして日本の場合、	推奨の言葉、 はじめに、
4位、	歴史発想源―土佐の蝙蝠・長宗我部篇（「ビジネス発想源」シリーズ）、	はじめに、 凄絶な戦乱の地と化していく土佐国、
5位、	『永遠の0』と日本人、	はじめに、 第1章、

図表8.3 Kindleストア　経済学・経済事情ジャンル（2015年2月17日付けTop5）

順位	タイトル、	評価箇所、
1位、	財政危機の深層　増税・年金・赤字国債を問う、	まえがき、 序章、
2位、	ウクライナ欧州動乱　第2次東西冷戦の火薬庫（かやくこ）、	はじめに、 第1章　東西分断化が進む欧州、
3位、	出世したけりゃ　会計・財務は一緒に学べ！、	はじめに、
4位、	国債膨張の戦後史―1947-2013　現場からの証言、	序、
5位、	現役経営者が教える　ベンチャーファイナンス実践講義、	1.ベンチャースピリット、

図表8.4 Kindleストア 語学・辞典・事典・年鑑ジャンル（2015年2月17日付けTop5）

順位、	タイトル、	評価箇所、
1位、	英文法をこわす 感覚による再構築、	序章、
2位、	神崎正哉の新TOEIC TEST ぜったい英単語 毎回出る頻出単語とスコアアップの急所、	Unit01、Unit02、
3位、	デイビッド・セインの世界一（いち）便利な単語帳（ちょう） 知ってそうで知らない実用単語、	第1章 数字、
4位、	海外経験ゼロでも仕事が忙しくても「英語は1年」でマスターできる、	第1章、
5位、	究極の英単語 SVL Vol.1 初級の3000語、	LEVEL 1、

図表8.5 Kindleストア 数学ジャンル（2015年2月11日付けTop5）

順位、	タイトル、	評価箇所、
1位、	逆問題の考え方 結果から原因を探る数学、	
2位、	直感を裏切る数学 「思い込み」にだまされない数学的思考法、	
3位、	統計学が最強の学問である［実践編］、	13 統計学の王道「回帰分析」、
4位、	数学は世界を変える あなたにとっての現代数学、	10章、
5位、	新しいベン図の書き方 4つの場合、	全編、

図表8.6 Kindleストア 資格・検定・就職ジャンル（2015年2月15日付けTop5）

順位、	タイトル、	評価箇所、
1位、	情報処理教科書 情報セキュリティスペシャリスト 2015年版、	
2位、	情報処理教科書 データベーススペシャリスト 2015年版、	
3位、	なぜ7割のエントリーシートは、読まずに捨てられるのか？一人気企業の「手口」を知れば、就活の悩みは9割なくなる、	「はじめに」、「目次」、
4位、	税理士だけが知っている お金を残すしくみ、	第3章7節（せつ）、
5位、	ホントにゼロからの簿記3級 『ふくしままさゆきの簿記入門』シリーズ、	チャプター9、

ただし、「数学ジャンル」、「資格・検定・就職ジャンル」については、対象となる電子書籍5冊中2冊が固定レイアウト型の電子書籍であり、音声読み上げに対応していないため集計から除外している。

8.1.3 誤読発生の調査

チェックページは、図表8.7に示すように6ジャンル合計で192ページとなった。誤読箇所は670であり、1ページあたり平均3.5箇所の誤読が発生したことになる。

誤読数をジャンル別にみると、経済学・経済事情ジャンルがページあたり2.0箇所と少なく、次いで文学・評論ジャンルが2.9、資格・検定・就職ジャンルが3.6、語学3.7、数学3.9、歴史5.2の順となり、最も少ない経済学/経済事情と最も多い歴史の間には2.6倍もの差がついている。また、当初は文学・評論が誤読率は低いと考えられたが、経済学のほうが低かった。

図表8.7 ジャンル別誤読数

ジャンル、	誤読数、	対象ページ数、	ページあたり誤読数、
文学・評論、	114箇所、	39ページ、	2.9箇所、
歴史、	177箇所、	34ページ、	5.2箇所、
経済学・経済事情、	75箇所、	38ページ、	2.0箇所、
語学・辞典・事典・年鑑、	119箇所、	32ページ、	3.7箇所、
数学、	114箇所、	29ページ、	3.9箇所、
資格・検定・就職、	71箇所、	20ページ、	3.6箇所、
計、	670箇所、	192ページ、	(平均3.5箇所)、

ここでは670の誤読について、その誤読を以下の九つのパターンに分類した。
① 漢字本来の読み方でない読みをさせているもの
② 言語が異なるもの
③ アルファベットや記号、数字と漢字や送り仮名が組み合わさっており、正しく構文解析されないもの

④ 氏名や地名等で、一般的でないもの
⑤ 複数の読み方があり、文脈によって読み方が異なるもの
⑥ 外字、記号などで文字フォントでなく画像を用いていると思われるもの
⑦ 文字本来の読みと異なる表示目的に使用しているもの
⑧ 数学表記等、一般的な読み方と異なる読み方が正解となるもの
⑨ 構文解析で単語等に分解されると、別の読みが一般的となるもの

まず、①「漢字本来の読み方でない読みをさせているもの」の誤読例を図表8.8に示す。ここにはルビや文中に意図した読みを付与する例を含んでいる。

図表8.8 漢字本来の読み方でない場合の誤読例

表記、	正、	誤読、	タイトル、	ジャンル、
身体（からだ）、	からだ、	しんたい、	不連続の世界、	文学・評論、
茉莉花茶、	じゃすみんちゃ、又は「もーりーふぁーちゃ」、	まりかちゃ、	最後の晩餐、	文学・評論、
可笑しかった、	おかしかった、	かわらしかった、	アイネクライネナハトムジーク、	文芸・評論、
褐色の髪（ブルネット）、	ブルネット、	かしょくのかみ、	フィフティ・シェイズ・オブ・グレイ、	文学・評論、
斃れた（たおれた）、	たおれた、	へいれた、	『永遠の0』と日本人、	歴史、

次に、②「言語が異なるもの」の誤読例を図表8.9に示す。ここでは、「経済学・経済事情」ジャンルから実例を挙げたが、語学関連書籍中には多数出てくる。

図表8.9 言語が異なるものの誤読例

表記	正	誤読	タイトル	ジャンル
Mergers& Acquistions、		めなーずあんどあくえじしょんず、	出世したけりゃ会計・財務は一緒に学べ、	経済学・経済事情、

次に、③「アルファベットや記号、数字と漢字や送り仮名が組み合わさっており、正しく構文解析されないもの」の誤読例を図表8.10に示す。

図表8.10　アルファベット、漢字等が組み合わさった場合の誤読例

表記、	正、	誤読、	タイトル、	ジャンル、
対GDP、	たいじーでぃーぴー、	ついじーでぃーぴー、	財政危機の深層、	経済学・経済事情、
親EU、	しんいーゆー、	おやいーゆー、	ウクライナ欧州動乱、	経済学・経済事情、
財務3表、	ざいむさんぴょう、	ざいむさんおもて、	出世したけりゃ会計・財務は一緒に学べ、	経済学・経済事情、
1人当たり、	ひとりあたり、	いちひとあたり、	現役経営者が教える　ベンチャーファイナンス実践講義、	経済学・経済事情、
if節中、	いふせつちゅう、	いふふしちゅう、	英文法をこわす感覚による再構築、	語学・辞典・事典・年鑑、
p値、	ぴーち、	ぴーあたい、	統計学が最強の学問である、	数学、
（資産）は300、	しさんわ　さんびゃく、	しさん＿はさんびゃく、	ホントにゼロからの簿記2級、	資格・検定・就職、

次に、④「氏名や地名等で、一般的でないもの」（歴史上の人物等で、現代と読み方が異なる場合も含む）の誤読例を図表8.11に示す。

図表8.11　氏名や地名が一般的でない場合の誤読例

表記、	正、	誤読、	タイトル、	ジャンル、
一条教房、	いちじょうのりふさ、	いちじょうきょうぼう、	歴史発想源、	歴史、
土佐七雄、	とさしちゆう、	とさななお、	歴史発想源、	歴史、

次に、⑤の「複数の読み方があり、文脈によって読み方が異なるもの」の誤読例を図表8.12に示す。

8.1 OS アクセシビリティ機能の調査

図表 8.12　文脈により読み方が異なる場合の誤読例

表記	正	誤読	タイトル	ジャンル
一日	いちにち	ついたち	最後の晩餐	文学・評論
通って	とおって	かよって	新しいベン図の書き方	数学
方	かた	ほう	新しいベン図の書き方	数学

次に、⑥の「外字、記号などで文字フォントでなく画像を用いていると思われるもの」の誤読例を図表 8.13 に示す。

図表 8.13　画像を用いている場合の誤読例

表記	正	誤読	タイトル	ジャンル
d=rt	でぃーいこーるあーるてぃー	発音せず	数学は世界を変える	数学
r=d/t	あーるいこーるでぃーわるてぃー	いこーるすらっしゅ	数学は世界を変える	数学
2×2×2	にかけるにかけるに	にひゃくにじゅうに（カケルが画像であり、2を連続して読んでしまう）	新しいベン図の書き方	数学
①などの数字		発音せず	なぜ割のエントリーシートは、読まずに捨てられるのか？	資格・検定・就職

次に、⑦の「文字本来の読みと異なる表示目的に使用しているもの」の誤読例を図表 8.14 に示す。

図表 8.14　文字本来の読みと異なる表示をしている場合の誤読例

表記、	正、	誤読、	タイトル、	ジャンル、
七〇〇点以上、	ななひゃくてんいじょう、	ななまるまるにてにじょう（ゼロでなく「マル記号」を使用）、	海外経験ゼロでも仕事が忙しくても「英語は1年」でマスターできる、	語学・辞事典・年鑑、
Part II、	ぱーとつー（ぱーとに）、	ぱーと　いい（IIがアルファベットの大文字Iを並べて表現しているため）、	数学は世界を変える、	数学、

次に、⑧の「数学表記等、一般的な読み方と異なる読み方が正解となるもの」の誤読例を図表 8.15 に示す。

図表 8.15　数学表記等の誤読例

表記、	正、	誤読、	タイトル、	ジャンル、
1/2時間、	にぶんのいちじかん、	いちすらっしゅにじかん、	数学は世界を変える、	数学、

最後に、⑨の「構文解析で単語等に分解されると、別の読みが一般的となるもの」の誤読例を図表 8.16 に示す。

図表 8.16　単語等に分解すると別の読みになる場合の誤読例

表記、	正、	誤読、	タイトル、	ジャンル、
二重三重、	にじゅうさんじゅう、	にじゅうみえ、	アイネクライネナハトムジーク、	文芸・評論、
テンコ盛り、	てんこもり、	てんこさかり、	壊れたおねえさんは、好きですか、	文芸・評論、

これまで、視覚障害者等が聴読できる電子書籍は、サピエ図書館の5万タイトルほどに限られていた。しかし、2012年11月、Amazon社のKindleが日本でサービスを開始し、今や同ストアが扱う50万タイトルの多くが、日本語音声読み上げ対応となった。これは視覚障害者等の読書にとって画期的な出来事といえる。

　しかし、その音声読み上げの品質については「十分実用に耐える」というものから、実用に耐えないというものまで、評価は交錯していた。そこで6ジャンル192ページにわたって実際に音声読み上げを行い、誤読の調査を行った結果、図表8.8から8.16に示した誤読例をはじめ670の誤読が発生し、1ページあたりの誤読発生数は3.5であった。

　この誤読発生率が高いか低いかは判断の分かれるところであるが、少なくとも詳細な誤読発生の実態調査が行われたことは、まずは評価されるべきである。また、ジャンルごとに誤読発生率に大きな差が生じたことも注目されるところである。

　次に、誤読が発生した原因について検討を行う。

8.1.4　修正可能な誤読調査

　誤読の原因を検討したのは、その誤読が、辞書の改善や構文解析機能を向上させることにより解消できるものか否かの判断を行うためであった。今回の調査で誤読となったもののなかには、アクセシビリティ支援機能の読み上げ用辞書の改善や、構文解析能力の向上により、正しく読めるようになると期待できる誤読と、こうした改善によっても正しく読むことが相当困難だと思われる誤読とが存在する。

　前項で紹介した「①漢字本来の読み方でない読みをさせているもの、②言語が異なるもの、③アルファベットや記号、数字と漢字や送り仮名が組み合わさっており、正しく構文解析されないもの、④氏名や地名等で、一般的でないもの、⑤複数の読み方があり、文脈によって読み方が異なるもの、⑥外字、記号などで文字フォントでなく画像を用いていると思われるもの、⑦文字本来の読みと異なる表示目的に使用しているもの、⑧数学表記等、一般的な読み方と異なる読み方が正解となるもの、⑨構文解析で単語等に分解されると、別の読みが一般的となる

もの」の中で、⑥の文字フォントではなく画像を用いているものは、テキスト化自体ができないため正確な読みの実現はありえない。また、「七〇〇点」のように、数字の「ゼロ」ではなく、まる「〇」という記号を用いている場合も正確な読みは困難となる。

一方、「一条教房」の誤読は、固有名詞辞書が充実すれば解消される。また、「対 GDP」なども、辞書機能や構文解析機能を向上させることで誤読の解消を期待できる。

ここでは、今回の誤読結果を、アクセシビリティ支援機能の改善によって修正可能と思われるものと、修正が困難と思われるものに分類し、その比率を算出した。この結果を図表 8.17 に示すが、修正可能率はジャンルによって大きく異なり、「文学・評論ジャンル」では 88％、「歴史ジャンル」では 72％、「経済学・経済事情ジャンル」では 65％に上った。

図表 8.17 修正可能な誤読について

ジャンル、	誤読数、	辞書改善で修正可能、	比率、
文学・評論、	114箇所、	100箇所、	88％、
歴史、	177箇所、	128箇所、	72％、
経済学・経済事情、	75箇所、	49箇所、	65％、
語学・辞典・事典・年鑑、	119箇所、	10箇所、	8％、
数学、	114箇所、	24箇所、	21％、
資格・検定・就職、	71箇所、	19箇所、	27％、

一方、語学・辞典・事典・年鑑ジャンルでは修正可能率は 8％、数学ジャンルで 21％、資格・検定・就職ジャンルでは 27％であった。

なお、ここで想定したアクセシビリティ機能の改善については、アクセシビリティ支援機能を提供する事業者のロードマップ等に基づくものではなく、あくまで仮説として示したものである。このため、ここで想定した改善レベルに、実際のアクセシビリティ支援機能がいつ頃達することができるかについては、現状では不明である。

一方、ここで誤読解消不能と判定されたものについても、今後のコンピュータ技術の革新によって構文解析機能などが飛躍的に向上すれば、誤読が解消されるものが出る可能性もある。

8.2 SSMLをどこまで導入するか

ここまで、Kindleストアで販売されている日本語の電子書籍を、iOSのアクセシビリティ機能を使い、日本語で音声読み上げを行う実証実験を行ってきた。この音声読み上げは、Kindleストアで販売された電子書籍から、テキストデータを抽出して、それをiOSのアクセシビリティ機能で読み上げたものである。いわば、自動音声読み上げとも言える機能である。

この実証実験では、さまざまなジャンルの電子書籍の誤読発生率と、今後の辞書機能の強化などで解消されると考えられる誤読について調査した（図表8.18）。この結果、人手による修正を行わない、自動音声読み上げで当面修正が困難で発生する誤読は、「文学・評論ジャンル」でページあたり0.4箇所、「経済学・経済事情ジャンル」で0.7箇所、「歴史ジャンル」で1.4箇所となった。一方、「資格・検定・就職ジャンル」では2.6箇所、「数学ジャンル」では3.1箇所、「語学・辞典・事典・年鑑ジャンル」では3.4箇所となった。

図表8.18 アクセシビリティ支援機能の改善による誤読率の試算

ジャンル、	ページあたり誤読数、	改善比率、	修正困難な誤読数、
文学・評論、	2.9箇所、	88%、	0.4箇所、
歴史、	5.2箇所、	72%、	1.4箇所、
経済学・経済事情、	2.0箇所、	65%、	0.7箇所、
語学・辞典・事典・年鑑、	3.7箇所、	8%、	3.4箇所、
数学、	3.9箇所、	21%、	3.1箇所、
資格・検定・就職、	3.6箇所、	27%、	2.6箇所、

まずここで問題となるのが、誤読の発生が、利用者からどこまで許容されるか、ということである。また、視覚障害者等と健常者との間では差が生じる可能性もあり、それぞれの調査が必要となる。もし、誤読発生がゼロであることが求められるのであれば、すべてのジャンルについて SSML を導入する必要が生じる。当然、それには一定のコストがかかる。また、SSML を導入するには全文に読みを振り当てるためのコストが必要になるので、ページあたり 0.4 箇所の誤読解消のコストと 3.4 箇所の解消コストに差はでない。

また、出版社の側には、SSML を用いない誤読のある「自動音声読み上げ版」と、誤読のない「SSML を用いた音声読み上げ」の双方の版を異なった価格で出すことには抵抗感が強かった。

ここから、利用者が許容できる範囲が仮にページあたり 1 以下であるとすれば、誤読発生率が 0.4 の「文学・評論ジャンル」や 0.7 の「経済学・経済事情ジャンル」は、コストをかけて SSML を導入する必要はないという結論が出る可能性がある。一方、現在でも音声読み上げで誤読率が高く、また、今後も辞書機能の改善などで誤読率が大幅に改善される見込みの少なく、数式や他言語など、SSML を用いて出版社などの電子書籍制作側で読み上げ情報を付与しない限り、完全な音声読み上げが困難な「数学ジャンル」、「語学・辞典・事典・年鑑ジャンル」などについては、SSML を用いるニーズは高いと考えられる。さらに、誤読が許されない公的な文書や教科書などもまた、SSML を用いた電子書籍制作の対象となろう。

8.3　アクセシブルな電子書籍と SSML

本書では、ここまでアクセシブルな電子書籍の普及のあり方を論じてきた。そのアクセシビリティとは、音声読み上げであり、文字拡大・リフローである。2015 年 6 月現在で、日本では音声読み上げは、Kindle ストアで販売されるものを、iOS または Android の OS のアクセシビリティ機能を利用する形を取ることで、一般に可能となる。本章では、Kindle ストアで販売された電子書籍を、iPad で読み上げる形での実証実験を紹介した。

従来、視覚障害者等の読書は、点字、ボランティアによる音読、自炊、共同自炊、サピエ図書館などの利用などでしか実現されなかった。しかし、サピエで音声読み上げ対応の電子書籍数は 5 万タイトルほどにとどまっているのに対し、Kindle ストアの販売ラインナップ数は 50 万を超え、PDF 版などを除いて、その大半が音声読み上げ対応となっている。誤読がつきまとうものの、視覚障害者等にとって新刊書籍を多く含む 50 万タイトルもの書籍を利用できることになった意義は大きい。

日本の主要 15 の電子書籍ストアにおいて、米国企業が日本語の音声読み上げに対応できていて、逆に日本企業による、いわば「国産」の電子書籍の大半が音声読み上げに対応できていないのは情けない状況にあるといわざるをえない。

今後の課題としては、誤読の発生をいかに少なくするか、にある。第一には、ここでの誤読の詳細な分析にもとづいて、当初から誤読が生じにくい原稿を作成することである。本書では「結びにかえて」に記したように、誤読を避ける表現を用いるように努めた。

第二には、誤読の発生を皆無にすることである。その実現の切り札となるのが SSML と考えられている。

OS のアクセシビリティ支援機能に依存する「OS 音声読み上げ機能」は、付加的なコストをかけずに電子書籍の音声読み上げを実現させるものである。ここには一定の誤読は必然的に生じる。これに対して「SSML による音声読み上げ機能」は、新たに電子書籍に全ての漢字にルビを振るような手法で音声読み上げ情報を付与するので、一定のコストがかかるが、誤読は生じない。すでに見たように、SSML を用いなくても、日本語の辞書機能や構造解析機能の向上によって、誤読の発生率が相当低く抑えられる「文学・評論ジャンル」、「経済学・経済事情ジャンル」に SSML の利用のニーズは高くないと考えられる。

一方、誤読が今後も高く生じると思われる「数学ジャンル」、「語学・辞典・事典・年鑑ジャンル」は、SSML の対応が求められることになるだろう。また、教科書、公文書、入試などの各種試験問題などは、SSML 対応による誤読ゼロが求められることになろう。また、SSML についても、日本語の漢字への読み付与の機能は、いずれ構文解析機能の向上によって必要性が低くなる可能性が高く、逆

に、数式の読み上げや、日本語の中に組み込まれた外国語の読みなどへの対応は高まっていくと考えられる。こういった方向性を踏まえた、SSMLの開発と導入が求められるところである。

9章
アクセシブルな電子書籍普及への課題と展望

松原　聡（さとる）
東洋大学教授

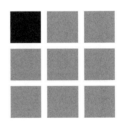

従来、視覚障害者等が、文字情報を利用するには人の声による読み上げや点字などの手法を利用してきた。しかし、これには大変時間や費用がかかり、視覚障害者等が情報にアクセスする機会は、きわめて限られたものであった。だが、Webや電子書籍などでは、TTSによる音声読み上げなどに対応させることで、視覚障害者等の利用の可能性が大きく開かれることになった。電子書籍やWebが持つこのアクセシブルな機能を最大限に活かす工夫が必要となる。

一方、膨大な既存の紙の書籍を読むという視覚障害者のニーズに対応するためには、紙の書籍をアクセシブルな電子書籍にするための制度的な整備が必要となる。

本章では、ここまでの検討をまとめて、視覚障害者等が書籍を中心に様々な情報にアクセスしやすい環境を作るための課題を明らかにしていく。

9.1　アクセシブルな電子書籍へ

ここまで見てきたように、電子書籍は、15世紀のグーテンベルグ以来の長い印刷・出版の歴史を大きく変えるものである。本書では、電子書籍の持つさまざまな機能の中で、そのアクセシビリティ機能に注目して論じてきた。

従来、読書とは「紙に書かれた本を目で読む」という行為であった。このため、視覚障害者等は、点字による「触る」という行為や、人の声による読み上げを「聞く」という行為などの、「目で読む」ことの代替手段を用いて読書をしてきた。しかし、電子書籍に備わるTTS（音声合成）によって、点字化や人の声による読み上げなどの作業なしに、視覚障害者に読書の道が開かれることになった。

また、加齢による老眼の進行などで紙の書籍の読書が困難になった人にも、電子書籍の音声読み上げ機能は大いに役立つはずである。さらに外国人労働者、外国人観光客で、ある程度の日本語力がある人にとっても、漢字かな混じり文の読解には大きな苦労が伴う。その際に、日本語による音声読み上げは、読解の大きな助けになると言われている。

政府や地方公共団体などには、みずからの情報提供において、視覚障害者等や高齢者、さらには外国人のために、音声読み上げなどの対応が求められるが、HPの音声読み上げの対応は進んでいても、残念ながら広報誌などの音声読み上げ対

応の電子書籍での発行などはほとんど見られない。

　本書では、まず電子書籍の音声読み上げ機能などのアクセシビリティ機能を利用する対象を、図書館協会などのガイドラインに則り「視覚障害者等」として、視覚障害者、読字障害者に限らず、肢体障害者等を含めて捉えてきた。さらには老眼が進行し、小さな字で書籍での読書が難しくなった人や、日本語能力の不十分な外国人、あるいは混雑した電車内での聴読のニーズもあることを踏まえて議論を進めてきた。このようにアクセシブルな電子書籍には幅広いニーズが存在し、それを把握することが、アクセシブルな電子書籍の普及に大きな力となる。

　しかし、すでに述べたように、日本においては先行する米国と比較して、そもそも電子書籍の普及が遅れていること、さらに電子書籍のTTS対応が遅れていることで、この大きな可能性をもつ電子書籍の特色が十分には活かされないでいる。その理由として、日本語の書籍が、漢字、ルビといった、データ化しにくい特色を持っていることなどが語られてきたが、こういった日本語の特色に対応するフォーマット形式であるEPUB3が、世界の電子書籍の標準となってきた。また、Kindleストアで販売される多くの電子書籍は、iOSやAndroidといったOSのアクセシビリティ機能を用いて、日本語での音声読み上げが可能となってきている。しかし、漢字の複数の読みへの対応の難しさなどで、誤読が避けられないのも事実である。その誤読を避けるための技術であるSSML（音声合成マークアップ言語）についてもすでに述べてきた。

　また本書では、すでに公刊されている紙の書籍を電子化する際の課題を明らかにし、それに伴う図書館の対応、視覚障害者等の自主的な取り組みなどについて論じてきた。さらには、今後公刊される電子書籍が、音声読み上げや文字拡大・リフロー対応になる方法についても論じてきた。

　しかし、視覚障害者等にはさまざまな種類の障害を持つ人がおり、単に電子書籍が音声読み上げや文字拡大に対応するだけでは、障害すべてに対応することはできない。視覚障害者等の読書を助ける支援機器には、障害の程度や種類に応じてさまざまなものがあり、それらは基本的にはテキストデータに対応している。このため、電子書籍がアクセシブルになるだけではすべての視覚障害者等の読書のニーズに応えることはできず、必要に応じてその電子書籍のコンテンツをテキ

ストデータとして取り出し、支援機器に読みこませることも必要である。例えば、山口らの「視覚障害者向け音声読み上げ機能の評価」[1]や、野口らの「電子書籍のアクセシビリティに関する実証実験」[2]などが行っている実際の電子書籍アクセシビリティ機能の調査を踏まえて、さらに実証実験を進めていく必要がある。

9.2 アクセシビリティ実現のための産学官の役割

9.2.1 電子書籍を巡る法律の整備
(1) 社会的障壁としての紙の書籍

　2016年4月に障害者差別解消法が施行された。この法律によって、例えば視覚障害者等は公共図書館において、紙の書籍が読めないことをもって、「障害から現に社会的保障の除去を必要としている旨の意思の表明」をすることができ、その表明に対して公立図書館は、「社会的障壁の除去の実施について必要かつ合理的な配慮をしなければならない。」(第7条第2項)こととなる。

　しかしこの法律は「全ての国民が、障害の有無によって分け隔てられることなく、相互に人格と個性を尊重し合いながら共生する社会の実現に資することを目的とする。」(第1条)ものであって、そのために「国及び地方公共団体は、この法律の趣旨にのっとり、障害を理由とする差別の解消の推進に関して必要な施策を策定し、及びこれを実施しなければならない。」(第3条)とされている。つまり、障害者からの「意思の表明」が必要となることが少なくなるように、行政機関や民間にあらかじめ社会的障壁の除去を求めているのである。

　この法律をもって、車いすの利用者にとって、道路の段差が社会的障壁であるのと同様に、視覚障害者等にとっては、紙の書籍が社会的障壁となる。そしてその除去の有力な手法の一つが、そのアクセシブルな電子書籍化である。

(2) 「視覚障害者等」の解釈について

　本書では、紙の書籍の読書に障害がある人を「視覚障害者等」と規定してきた。この定義は、国公私立(こっこうしりつ)大学図書館協力委員会、公益社団法人全国学校図書館協議会、全国公共図書館協議会、専門図書館協議会、公益社団法人日本図書館協会の図書館5団体が2010年2月に出した「図書館の障害者サー

ビスにおける著作権法第37条第3項に基づく著作物の複製等に関するガイドライン」に拠っている。このガイドラインはタイトルにあるように、著作権法第37条第3項に基づいている。

しかしこのガイドラインは、法律の解釈において問題がある。同条は、著作者の許諾なしに「当該視覚著作物に係る文字を音声にすることその他当該視覚障害者等が利用するために必要な方式により、複製し、又は自動公衆送信（送信可能化を含む。）を行うことができる」とするもので、その対象を「視覚障害者その他視覚による表現の認識に障害のある者（以下この項及び第102条第4項において「視覚障害者等」という。）の福祉に関する事業を行う者で政令で定めるもの」として限定している。

問題となるのは、「視覚障害者その他視覚による表現の認識に障害のある者」である。ここでは視覚障害者に読字障害者（ディスレクシア）らを含んだ者と解釈される。しかし、明確に「視覚による表現の認識に障害」と限定しているため、上肢障害などでページめくりが困難で紙の書籍の利用が困難な者は含まれない、と解釈される。

翻って、図書館5団体のガイドラインは、この法律の「視覚障害者等」の解釈として、視覚障害に加えて「聴覚障害、肢体障害、精神障害、知的障害、内部障害、発達障害、学習障害、いわゆる「寝たきり」の状態、一過性の障害、入院患者、その他図書館が認めた障害」を具体的に列挙している。

「アクセシブルな電子書籍の利用が必要な者」について、本書では、このガイドラインを是として援用してきた。しかし、法律としては「視覚による表現の認識に障害がある者」として「視覚」に限定しているので、例えば「肢体障害」が対象とされることはない。

このガイドラインは、アクセシブルな電子書籍の利用の実態に合わせて、公共性の高い図書館5団体が取り決めたものである。このガイドラインに則して、著作権法の改正に取り組むべきだろう。また、障害者差別解消法は、こういう法律の整備も求めていると考えるべきだろう。

(3) 国立国会図書館の役割

この法律では、すでに述べたように、「障害者から現に社会的障壁の除去を必

要としている旨の意思の表明があった場合」に、行政機関等はその対応が義務とされ、事業者は努力義務とされている。問題は、電子書籍やアクセシブルな電子書籍の利用などにおいて、極めて高い役割が期待されている国立国会図書館である。実際、同図書館は、自らが製作した学術文献録音図書DAISY（デイジー）データ等と、他の図書館等が製作したものを収集した視覚障害者等用データ（音声DAISY（デイジー）データ、点字データ等）を、視覚障害者等個人の方や図書館等にインターネット経由で送信する「視覚障害者等用データの収集および送信サービス」等に積極的に取り組んでいる。

また本書5章で論じた、印刷資料のアクセシブルなデジタル化に取り組んできた立命館大学図書館が、2016年5月31日、国会図書館の「視覚障害者等用データの収集および送信サービス」で、大学図書館としては第一号となる協定を締結した。立命館大学図書館が著作権法第37条第3項にもとづき作成した書籍等のテキストデータを、利用資格をもつ全国の障害者の方が利用できるようになる。

しかし、障害者差別解消法でみると、同図書館は国会付置のため、国立という名前を冠されながらも、この法律の「行政機関等」には該当しない。この法律では、国会図書館は民間の事業者と同等の扱いとなっているのである。国立国会図書館の「障害者の意思の表明」への対応は、行政機関等と同様に「義務」とすべきであって、例えば、「行政機関等に国立国会図書館を含めることを明示する」、といった形で法律を整備すべきであろう。

(4)　「自炊」に対する法的整備

さらに、自炊代行業者の法的な位置づけも明確にすべきである。現在、いわゆる「自炊」は、著作権法第30条で、私的使用に限りその利用する本人の「複製」は認められているが、その複製の代行は認められていないと解釈される。

しかし、自炊は一般のコピー機による複写とは違い、裁断機の利用や、スキャンに手間がかかるので、その作業の代行へのニーズは高い。著作権者の権利を侵すような代行はもちろん許されないが、私的使用における複製の代行は認めてもいいのではないか。

代行業者の中には、複製する紙の書籍の再流通を避けるため、完全に溶融処分するところもある。一方、紙の書籍が自宅でコピー、スキャンされ、その書籍が

古本屋に流れれば、その古本が買われれば新刊の需要が奪われることになる。また、個人で数百冊を自炊するには大変な手間を要するが、代行業者では、相場からすると、数万円で代行が可能となり、本棚一つ分のスペースがあくことになる。その分、新刊購入の余地が生まれるとも考えられる。

本書で繰り返し述べてきたように、視覚障害者等にとっては、アクセシブルな電子書籍が読書の有力な手段となる。新たに公刊される書籍の多くが電子書籍としても刊行されるようになり、その電子書籍もKindleStoreなどで購入しOSの支援機能を利用することで、音声読み上げが可能となってきた。しかし、視覚障害者等が、過去に刊行された膨大な数の紙の書籍や、電子書籍として公刊されない新刊の紙の書籍を利用するには、「自炊」がきわめて有力な手段となる。自炊代行業者の中には、テキストデータ化までのサービスを行うところもある。

こういった視覚障害者の自炊代行へのニーズも踏まえて、法律の整備が求められる。

9.2.2 デジタル教科書と電子書籍

(1) 教科書の電子化

電子書籍の今後を見る上で、教科用図書（教科書）の電子化の意義は大きい。デジタル教科書については、「電子書籍元年」と呼ばれた2010年にデジタル教科書教材協会が設立された。その際に掲げられた目標は、「すべての小中学生がデジタル教科書・教材を持つ環境を整えること。そのための課題整理や政策提言、ハードウェア・ソフトウェアの開発、実証実験及び普及啓発を進めていく」である。この協議会発足時にはデジタル教科書教材に異議を唱える書籍が緊急出版されるなど、デジタル教科書を巡る議論が活発化した。

この中で佐賀県武雄市は、全国の自治体に先駆けて2014年度に市内の全小学生に、2015年度に全中学生にデバイスを配布し、それを活用した反転授業やプログラミング教育を実施してきた[3]。こういった議論や実践の中で、政府は2020年までにデジタルデバイスの導入を決めた。

ここでは1,000万人を越える全小中学生にデバイスが配布され、電子書籍としての教科書を使い、デバイスの各機能を使いこなすことが、日本の電子書籍の普

及を大きく加速させることを指摘して、そのアクセシビリティ機能の検討に進みたい。

(2) 教科書のアクセシビリティ化の課題

教科書のアクセシビリティ化については、米国が先行[4]しており、日本でも2008年9月に教科用特定図書普及促進法（教科書バリアフリー法）が成立したことを受けて、DAISY（デイジー）および日本障害者リハビリテーション協会がボランティア団体と協力して、マルチメディア DAISY（デイジー）バージョン教科書を積極的に展開している[5]。

デジタル教科書のアクセシビリティ化を進める上で重要になってくるのが、デジタル教科書の制作におけるガイドラインの制定である。ある特定のフォーマットに依存しない制作手順ができれば、障害に応じて教科書をアクセシブルにできる可能性が広がる。国立特別支援教育総合研究所では、特別支援教育におけるICTの活用に関する研究[6]が進められている。本研究では、教科書の内容（意味実体）となるコンテキストと、コンテキストを再生および実行するための入れ物（コンテナ）に分けて考え、ガイドラインを制定するために、どの教科書にも共通して含まれるコンテキストにはどのようなものがあり、コンテキストやコンテナがどのような仕組みになっているとよいかを整理している。

また視覚障害者等にとって、日本語特有の課題もある。漢字を別読みした場合、その漢字がどの字で構成されているかを説明しない限り、わからない。例えば、"宇宙"と書いて、"そら"と読む場合、ルビ表記に従って"そら"と読んでしまうと、単なる"空"と誤解されてしまうため、漢字自体が本来持つ意味合いの微妙な違いが伝わらない、という問題である。その他、図や表の読み方、数式や化学式などテキストデータになじまない部分の読み方をどうするかなどデジタル教科書のアクセシビリティ化の課題はまだ多く存在する。

デジタル教科書のアクセシビリティ化を促進させるために、教科書制作会社、教育機関が連携し、さらに今まで教科書のアクセシビリティ化を推進してきたボランティア団体などのノウハウを融合させることで、より多くの障害のある子どもに使いやすい教科書を制作できるのではないかと考えられる。文部科学省は、総務省や民間団体と連携しながらデジタル教科書のアクセシビリティ対応を積極

的に推進すべきである。

9.2.3 アクセシブルな電子書籍への技術開発支援

本書では、アクセシブルな電子書籍へのニーズが、本来幅広いものであることを踏まえて、今後公刊される電子書籍が原則的にアクセシブルなものであるべきであるとの立場を取ってきた。すでに Amazon 社の Kindle では、日米を含む世界各国で音声読み上げが実現している。

しかし、日本語は漢字かな混じり文であり、テキストからの自動音声読み上げでは一定の誤読が生じるのでこの誤読をなくすための技術の標準化などが求められている。その際に、産・学・官の協働作業も必要となってくる。例えば総務省は、情報バリアフリー施策について、「ICT（情報通信技術）の進展は、社会に大きな変革をもたらすとともに、私たちに様々な恩恵をもたらしています。しかし、年齢・身体的条件によるデジタル・デバイドのため、現状では、高齢者・障害者等、こうした恩恵を享受できていない人々がいることも事実です。総務省では、高齢者・障害者を含めた誰もがICTを利活用し、その恩恵を享受できるよう、以下のような情報バリアフリー関連施策を積極的に推進しています。」としている。

その中で、「アクセシビリティに対応した電子書籍の普及・促進」について、「障害者が円滑に情報を取得・利用し、意思表示やコミュニケーションができるよう、情報の利用におけるアクセシビリティの向上が重要な課題となっています。電子書籍は、視覚障害等により紙の出版物の読書に困難を抱える者への出版物の利用拡大に資するものと期待されており、総務省では、アクセシビリティに対応した電子書籍の普及・促進に取り組んでいます。」[7]としている。ここで、「音声読み上げによるアクセシビリティに対応した電子書籍制作ガイドライン」（2015年4月）[8]を公表している。このガイドライン作成には、一般社団法人電子出版制作・流通協議会があたっている。

また、電子書籍のアクセシビリティ機能で求められるものの一つに、「触感」に対応したタッチパネルがある。電子書籍の操作にあたっては、視覚障害者等は平面のタッチパネルではボタン操作が困難である。物理的な操作ボタンを設

けるのも一つの方法ではあるが、タッチパネルに、操作ボタンの場所が「触感」で分かる機能があればより操作性が向上する。こういった技術の開発に何らかの公的支援があってしかるべきであろう。

一方、新たに公刊される電子書籍がアクセシブルなものになることと同時に、過去に出版された膨大な紙の書籍を電子化する技術も、革新が求められている。特に重要なのがスキャンした紙の書籍をテキストデータ化するOCR（光学文字認識）技術である。英語のアルファベットや、日本語のかなのように数十しか種類がなく、形状もシンプルな表音文字に比べて、漢字はJIS第一水準で2,995字、第二水準で3,390字、第三水準で1,259字、第四水準で2,436字と合計1万字を越え、形状も極めて複雑である。これをOCRで正確に認識することは容易ではない。この認識率が高まれば、人手による修正作業が軽減され、電子化の費用も削減される。この技術への支援も求められるところである。

9.3 障害者差別解消法と電子書籍

9.3.1 図書館設置主体で異なる対応方法

障害者差別解消法が施行されたことによって、例えば本法の「行政機関等」にあたる公共図書館は、蔵書である紙の書籍が読めないという視覚障害者等からの「社会的障壁の除去」が必要だという表明に対して、合理的配慮をもった対応が義務づけられることになった。繰り返しになるが、「負担が過重でないときは」という留保条件がつくものの、その紙の書籍をアクセシブルな電子書籍に変える義務を負うということである。

ちなみに、その作業は、蔵書を裁断するわけにはいかないので、1ページごとにスキャンして、それをOCRにかけることから始まる。しかしOCRの精度の問題から、誤変換の訂正に「2人体制で校正しても、1冊の本につき完成までに半年を要する」（在京大学図書館職員）こともあるのである。このことをもって、「負担が過重」を理由に、視覚障害者等からの「読書がしたいができない」という社会的障壁の除去の表明への対応を拒否することがあれば、それはこの法律の本来の目的が損なわれることになるといっても過言ではなかろう。

また、第5章で論じた大学図書館であるが、視覚障害等をもつ学生や研究者から障害者差別解消法に基づいて蔵書の電子化を求められた場合に、国立大学は独立大学法人としてその対応が義務となる。一方、私立大学は同法では事業者扱いとなり、対応は努力義務となる。しかし、国立大学の図書館や公共図書館がその対応が義務であるのに、同様に、税金が投入され、教育・研究という高い公共性を担う私立大学図書館だけが、「努力義務」を理由に対応を行わないわけにはいかないはずである。湯浅俊彦の「公共図書館、大学図書館、学校図書館、専門図書館、そして国立国会図書館といった館種を問わず、利用者に対するアクセシブルな図書館サービスの拡充が喫緊の課題である。」[9]という言葉を今一度、確認しておきたい。

9.3.2　出版社の対応

　一方、事業者である出版社も、紙の書籍だけで出版されているものについて、視覚障害者等からの「その本が読みたいが、紙の書籍しかないので読めないからアクセシブルな電子版が欲しい」という社会的障壁の除去の表明があった場合に、努力義務ではあるものの、対応が求められることになる。

　出版界は、自ら文化の担い手であることを強く自覚している。さらに、独占禁止法では、「発行企画の多様性」の維持（公正取引委員会）などを根拠に再販価格維持が認められている。こういった公共的性格が高い業界が、一般の事業者と並んで努力義務だからとして対応を遅らせることが、社会的に認められるものかどうかも国民の判断が問われるところでもある。そもそも書籍は、紙の書籍であっても電子書籍であっても、同じ内容を持つ。現在、紙の書籍だけが再販指定となっており、電子書籍は指定外である。この不自然さを考えると、「著作物再販適用除外制度は、独占禁止法の規定上、「物」を対象としています。一方、ネットワークを通じて配信される電子書籍は「物」ではなく、情報として流通します。したがって、電子書籍は著作物再販適用除外制度の対象とはなりません。」（公正取引委員会）といった理由がいつまで通用するかも疑問であるが、ここでは問題を指摘するにとどめたい。

　さて、出版社が、紙の書籍のアクセシブルな電子化を求められた場合に、一つ

の対応方法はテキストデータの提供である。現在、原則的にすべての出版物についてテキストデータを提供しているのは、株式会社生活書院など一部の出版社に限られている。なお、このテキストデータの提供については、植村要「出版社から読者へ、書籍テキストデータの提供を困難にしている背景について」[10] が、その必要性や実態調査を行ってきた。さらに、立命館グローバル・イノベーション研究機構プログラム「電子書籍普及に伴う読書アクセシビリティの総合的研究（IRIS）」が、出版社 135 社を対象に 2011 年 11 月から 12 月に行った「電子書籍アクセシビリティに関する出版社アンケート」[11] の中の、「今までに、視覚障害等で読書が困難であるという理由で、紙の本のテキストデータ提供を依頼されたことがあるか、およびそのような依頼に対する対応の実態について」の質問に対して、回答を寄せた 71 社中、「依頼されたことがない」が 54 社であった。一方、「依頼されたことがあり提供した」は 12 社、「依頼されたことがあるが提供はしなかった」は 5 社であった。

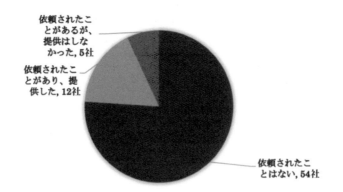

図表9.1　テキストデータ提供のアンケート結果[12]

　今後、障害者差別解消法の施行を受けて、この依頼が格段に増大することが予想される。現在、出版における版下作成はほとんどが DTP で行われている。インデザインの組版データの内にはテキストデータが存在しており、この提供を受ければ、紙の書籍をスキャンして OCR にかけて誤変換修正を行うという膨大な作業

から解放されることになる。出版社は、電子書籍版を発行しない紙の書籍についても、発行当初からテキストデータを保持する必要が生じてくると思われる。

しかし、出版社側が、テキストデータ提供のさまざまな手間や、コピー可能なテキストデータを外部に提供することへの躊躇などから提供に消極的になるのは理解できる。その中で、今回のアンケートで、「依頼されたことがある」の中では、「提供した」が約7割、「提供しなかった」が約3割に留まったことは評価できる。

だが、こういった制約を考えると、障害者差別解消法に基づく紙の書籍という社会的障壁の除去の要請に対しては、特別な支援機器利用のためにテキストデータを必要とする場合を除いて、個別のテキストデータの提供よりは、アクセシブルな電子書籍として出版する方が合理的である可能性が高い。提供テキストデータの違法コピーが流通する懸念は解消されるし、何より、健常者へもその電子版を提供できることになるからである。

9.3.3 アクセシブルな電子書籍の普及の課題と展望

本書は、電子書籍のアクセシビリティについて、総合的に研究した成果をまとめたものである。電子書籍登場以前は、視覚障害者等は紙の書籍は、点字化することや、人の声での読み上げを行うこと等でしか利用ができなかった。しかし、電子書籍が持つ音声読み上げや文字拡大・リフローの機能を使えば、点字化などの手段をとらずに、書籍の利用が可能になる。

まず、これから公刊される書籍がすべて電子書籍としても発行されることが望まれる。そして、その電子書籍がアクセシブルなものであれば、視覚障害者等の読書の権利はこれから発行される書籍については、大きく保障されることになる。そのためには、電子書籍が音声読み上げ、文字拡大・リフローに対応するフォーマットで作成され、電子書籍デバイスがそれに対応する機能を持つ必要がある。

だが、そのフォーマットから提供されるテキストデータでは、漢字の同音異義語を本来の読みでないもので読み上げてしまうなどの誤読が発生する。しかし現在でも Amazon 社 Kindle の電子書籍などでは、音声読み上げで、ある程度実用に耐える水準にある。さらに、辞書機能や構文解析機能の強化で、誤読の発生率は

大きく下がることも期待される。

　一方、その誤読は、本書第8章で論じたように、書籍全体の漢字などに読みを割り振る、SSML という方式を使うことで皆無とすることが可能となる。しかし、これにはそれなりのコストがかかる。この中で、SSML を採用する必要性については、慎重な検討が必要である。

　しかし、外字、画像、数式など、そのままでは正確な読み上げが難しいデータも少なからずあり、そういったデータの多い書籍のジャンルもある。さらに、誤読が許されない教科書や公的な書籍も存在する。そういった書籍については、SSML の採用も必要となろう。

　一方、過去に公刊された紙の書籍をアクセシブルな電子書籍として利用するには、一つには個人が蔵書を裁断しスキャンして OCR にかけてテキストデータ化するという、いわゆる「自炊」がある。しかしこの自炊には、テキスト化する段階での OCR の変換ミスと、その修正後のテキストデータの誤読の修正という二重のミスが生じ、その修正には大きな手間がかかる。

　本書第6章で示したように、視覚障害者等が自らの蔵書を持ち寄り、自炊しさらに誤読を減らすための共同校正を行う、「共同自炊型オンライン電子図書館」といった試みもある。

　さらに、本書第5章で示したように、著作権法第37条第3項にもとづいて、視覚障害者等が利用を希望する紙の書籍を、図書館等が電子化する方法がある。ここでも、自炊と同様に OCR でのミスの修正や、テキストデータの誤読の修正という大きな手間が生じてしまう。すでに国会図書館を中心にはじまった、各所の図書館で行われた紙の書籍の電子化データの共有などの仕組みをより整えて、大きな手間をかけて電子化された書籍を、視覚障害者等が効率よく利用できるようにする必要がある。

　2016年4月に障害者差別解消法が施行されたことで、アクセシブルな電子書籍への社会的需要は大きく高まることが予想され、その結果、視覚障害者等の読書の機会が増えることが期待される。本書は、その際に、社会的にできる限りコストを節約しながら、このアクセシブルな電子書籍の普及に手段について多方面から論じてきた。産・学・官が共同しながら、この目的が達成されることを期待

している。

註

1) 山口翔・植村要・青木千帆子（ちほこ）[2012]「視覚障害者向け音声読み上げ機能の評価　電子書籍の普及を見据えて」『情報通信学会誌』、30(2)、pp. 67-80。
2) 野口武悟（たけのり）・植村八潮・成松一郎・松井進[2014]「電子書籍のアクセシビリティに関する実証実験(1)音声読み上げ機能の検討を中心に」『人文科学年報』(44)、専修大学人文科学研究所、pp. 197-216。
3) その評価を東洋大学現代社会総合研究所が取りまとめている。
4) National Center on Accessible Instructional Materials (NIMAS) Version 1.0 http://aim.cast.org/　2015年6月10日アクセス。
 （抄訳）http://www.dinf.ne.jp/doc/japanese/access/info/nimas.html　（DINF）、2015年6月10日アクセス。
5) http://www.dinf.ne.jp/doc/daisy/book/daisytext.html 2015年6月10日アクセス。
6) 「障害のある児童生徒のためのＩＣＴ活用に関する総合的な研究－学習上の支援機器等教材の活用事例の収集と整理－【中期特定研究（特別支援教育におけるＩＣＴの活用に関する研究）】（平成26年～27年）」http://www.nise.go.jp/cms/8,9311,18,105.html 2015年6月10日アクセス。
7) 総務省[2015]「アクセシビリティに対応した電子書籍の普及促進」http://www.soumu.go.jp/main_sosiki/joho_tsusin/b_free/b_free04.html　2015年6月10日アクセス。
8) 総務省[2015]「音声読み上げによるアクセシビリティに対応した　電子書籍制作ガイドライン」(2015年4月) http://www.soumu.go.jp/main_content/000354698.pdf 2015年6月10日アクセス。
9) 湯浅俊彦[2014]「読書アクセシビリティの保障と大学図書館－所蔵資料テキストデータ化を巡って－」『論究日本文學』(100)、p. 224。
10) 植村要[2008]「出版社から読者へ、書籍テキストデータの提供を困難にしている背景について」『Core Ethics』4、pp. 13-24。
11) 山口翔・青木千帆子（ちほこ）・植村要・松原洋平[2012]「＜研究ノート＞電子書籍アクセシビリティに関する出版社アンケート」『国際公共経済研究』(23)、pp. 244-255。
12) 同上。

結びにかえて

　本書は、ICT、情報アクセシビリティを専門とする6人のメンバーの共同研究の成果である。メンバーの石川准（静岡県立大学教授）は、内閣府障害者政策委員会の委員長であり、2016年6月には、国連障害者権利委員会委員に選出されている。山田肇（東洋大学教授）は、情報通信ネットワーク産業協会情報通信アクセス協議会委員、また松原聡（さとる、東洋大学教授）は、一般社団法人電子出版制作・流通協議会のアクセシビリティ特別委員長である。

　私たちは、様々な場で共同研究を進めてきた。松原聡（さとる）、山田肇、山口翔（名古屋学院大学）は、東洋大学特別研究『「出版のデジタル化」におけるプラットフォームの分析』のメンバーとして共同して研究を進めてきた。

　また、松原洋子（立命館大学）、松原聡（さとる）、石川准、山口翔は、「高等教育機関における障害者の読書アクセシビリティの向上：ICTによる図書館の活用」（平成25年度～平成27年度　文部科学省科学研究費助成事業（科学研究費補助金）基盤研究(B)）（研究代表松原洋子）の共同研究メンバーである。さらに、松原洋子、松原聡（さとる）、石川准、山口翔は、「立命館大学グローバル・イノベーション研究機構研究プログラム「電子書籍普及に伴う読書アクセシビリティの総合的研究」（研究代表松原洋子）の共同研究メンバーである。この成果は第5章に示されている。

　さらに、石川准、松原聡（さとる）、松原洋子、山口翔は、「視覚障害当事者の共同自炊型オンライン電子図書館を実現するための条件に関する研究」（平成24年度～平成26年度　文部科学省科学研究費助成事業（科学研究費補助金）基盤研究(A)）（研究代表石川准）の共同研究メンバーであり、その成果は第6章に示されている。

また、松原聡（さとる）、石川准は「電子書籍のアクセシビリティを推進するためのコンテンツ制作及び電子書籍リーダーのあり方等に関する調査研究」（一般社団法人電子出版制作・流通協議会）（検討委員会委員長松原聡（さとる）、副委員長石川准）で共同研究を行い、その成果は第8章に示されている。

　本書は、以上の6名のメンバーが行ってきた共同研究をベースに、電子書籍のアクセシビリティにフォーカスをあてて、それぞれの成果をまとめあげたものである。

　なお、本書の作成にあたって編集者の小西孝幸氏（丸善プラネット株式会社）には、大変なご苦労をかけた。通常の編集・校正業務にはない、音声読み上げとの原稿の突き合わせや、そこでの誤読修正などの作業を、私たちの誤読を修正するためには、紙の書籍での多少の不自然な記述があってもいたしかたない、という意図を理解してくださり、丁寧にこなして下さった。記してお礼申し上げる。

（松原　聡（さとる）　記）

【執筆分担一覧】

第1章　視覚障害者等と電子書籍のアクセシビリティ　　松原　聡（さとる）
第2章　視覚障害者等の読書と電子書籍　　石川　准
第3章　電子書籍の登場と新展開　　澁澤（しぶさわ）　健太郎
第4章　著作権からみる視覚障害者等と読書　　山口　翔
第5章　図書館の障害者サービスと電子書籍　　松原　洋子
第6章　共同自炊型電子図書館の取り組み　　石川　准
第7章　ウェブアクセシビリティと電子書籍　　山田　肇
第8章　電子書籍音声読み上げの現状と展望　　松原　聡（さとる）
第9章　アクセシブルな電子書籍普及への課題と展望　　松原　聡（さとる）

【謝辞】

第 2 章、第 6 章（石川准）

　本研究は、以下の文部科学省科学研究費の助成によるものである。文部科学省科学研究費助成事業（科学研究費補助金）基盤研究(A)平成 24 年度〜26 年度「視覚障害当事者の共同自炊型オンライン電子図書館を実現するための条件に関する研究」

第 5 章（松原洋子）

　田中清子氏・三谷恭弘氏・安東正玄（せいげん）氏（立命館大学図書館）のご教示ならびに植村要氏（立命館大学グローバル・イノベーション研究機構）ご協力に感謝致します。本研究は立命館大学立命館グローバル・イノベーション研究機構（R-GIRO）研究プログラム「電子書籍普及に伴う読書アクセシビリティの総合的研究」および JSPS25282068 ならびに JSPS24240039 の助成を受けたものである。

第 8 章（松原聡（さとる））

　本章のデータは、「電子書籍のアクセシビリティを推進するためのコンテンツ制作及び電子書籍リーダーのあり方等に関する調査研究」（一般社団法人電子出版制作・流通協議会）の調査によっている。調査の基本的な設計は松原聡（さとる）、石川准らが行い、調査は同研究のワーキンググループ①（主査大野勝利（アライドブレインズ株式会社代表取締役））が中心に行った。記してお礼申し上げたい。

参考文献

1) 青木慎太朗編著［2009］『生存学研究センター報告6　視覚障害学生支援技法』生存学研究センター（http://www.arsvi.com/b2000/0902as.htm）2015年5月20日アクセス。
2) 青木千帆子（ちほこ）［2015］「2014年電子書籍フォーマットのアクセシビリティ対応状況に関する実態調査」（http://www.arsvi.com/2010/1502ac.htm）2015年6月10日アクセス。
3) 雨宮寛二［2012］『アップル、アマゾン、グーグルの競争戦略』、エヌティティ出版。
4) アライド・ブレインズ株式会社［2013］「都道府県のホームページ約6割（約113万ページ）が障害者・高齢者配慮のJIS規格最低基準を満たさず」（http://www.a-brain.com/news/2013/20130627.html）2015年5月21日アクセス。
5) アライド・ブレインズ株式会社［2015］「国のホームページ約55％（80万ページ超）が障害者・高齢者配慮のJIS規格最低基準を満たさず～問題ページが約4万5千増加～」（http://www.a-brain.com/news/2015/20150312.html）2015年5月21日アクセス。
6) 安東正玄（せいげん）［2015］「立命館大学図書館における障がい学生に対するサービスについて」『みんなの図書館』(454)、pp.31-34、2015年2月。
7) 石川准［2004］『見えないものと見えるもの―社交とアシストの障害学』医学書院。
8) 石川准［2011］「電子書籍を読書障壁にしないために-出版社と国立国会図書館への期待」『現代の図書館 49』pp.83-88。

9）石川准・関根千佳（ちか）［2001］「米国の社会背景と字幕の歴史」、文部科学省平成11－13年度科学研究費補助金　基盤研究(B)(2)研究成果報告書、「アクセシビリティの政治」に関する社会学・情報学的研究」pp. 104-137。
10）インターネットメディア総合研究所インプレスR&D［2012］「電子書籍ビジネス調査報告2012」。
11）植村要［2008］「出版社から読者へ、書籍テキストデータの提供を困難にしている背景について」『Core Ethics』4、立命館大学大学院先端総合学術研究科、pp. 13-24。
12）植村八潮・野口武悟（たけのり）編著・電子出版制作・流通協議会著［2014］『電子図書館・電子書籍貸出サービス　調査報告2014』ポット出版。
13）植村八潮・野口武悟（たけのり）編著・電子出版制作・流通協議会著［2015］『電子図書館・電子書籍貸出サービス　調査報告2015』ポット出版。
14）大塚強［2015］「ご存じですか"なごや会"」『みんなのおＴ書簡』(454)、pp. 27-30。
15）柿澤敏文、河内清彦、佐島毅、小林秀之［2012］「全国小・中学校弱視特別支援学級及び弱視通級指導教室　児童生徒の視覚障害原因等の実態とその推移：2010年度全国調査を中心に」『弱視教育 49』pp. 6-17。
16）金森克浩［2014］「デジタル教科書・教材の試作を通じたガイドラインの検証－アクセシブルなデジタル教科書を目指して－」国立特別支援教育総合研究所http://www.nise.go.jp/cms/7,9717,32,142.html　2015年9月1日アクセス。
17）関西館図書館協力課［2009］「学術文献録音サービスの展開―障害者向け資料の製作とサービスの拡大」『国立国会図書館月報』(577)、pp. 12-14。(http://dl.ndl.go.jp/view/download/digidepo_1001144_po_geppo0904.pdf?contentNo=1) 2015年5月30日アクセス。
18）関西館図書館協力課［2015］「視覚障害者等用データの収集および送信サービス」『国立国会図書館月報』(646)、pp. 12-13 (http://dl.ndl.go.jp/view/download/digidepo_8929147_po_geppo1501.pdf?contentNo=1) 2015年6月1日アクセス。
19）菊池尚人［2014］「フランスの障害者向け電子書籍図書サービスの概要及び日

米との比較並びにモデルの考察」『情報通信学会誌』32(2)、pp. 117-123。
20) 公共図書館で働く視覚障害職員の会（なごや会）編[2004]『本のアクセシビリティを考える―著作権・出版権・読書権の調和をめざして』読書工房。
21) 国立国会図書館「学術文献録音テープ等利用規則」
(http://warp.da.ndl.go.jp/info:ndljp/pid/8219979/www.ndl.go.jp/jp/library/supportvisual/uketuke_rule.pdf)、2015年6月5日アクセス。
22) 国立国会図書館「各サービスの承認館・参加館数」
(http://www.ndl.go.jp/jp/library/supportvisual/supportvisual_partic_1.html) 2016年7月18日アクセス。
23) 国立国会図書館[2013]「国立国会図書館の資料デジタル化に係る基本方針」(http://ndl.go.jp/jp/aboutus/digitization/policy.html) 2015年6月5日アクセス。
24) 国立国会図書館[2014]「視覚障害者等サービス実施計画2014-2016」
(http://www.ndl.go.jp/jp/service/support/service_plan2014-2016.pdf) 2015年6月3日アクセス。
25) 国立国会図書館「障害者サービス」
(http://www.ndl.go.jp/jp/service/support/index.html#internet) 2015年6月1日アクセス。
26) 国立国会図書館「全文テキスト化実証実験報告書」
http://www.ndl.go.jp/jp/aboutus/digitization/fulltextreport.html 2015年6月4日アクセス。
27) 国公私立（こっこうしりつ）大学図書館協力委員会・（社）全国学校図書館協議会・全国公共図書館協議会・専門図書館協議会・（社）日本図書館協会[2010]「図書館の障害者サービスにおける著作権法第37条第3項に基づく著作物の複製等に関するガイドライン」
(https://www.jla.or.jp/portals/0/html/20100218.html) 2015年6月3日アクセス。
28) 小林卓・返田玲子・野口武悟（たけのり）・野村美佐子[2011]『公共図書館における障害者サービスに関する調査研究』

(http://current.ndl.go.jp/FY2010_research) 2015年5月30日アクセス。

29) シード・プランニング[2011]『公共図書館における障害者サービスに関する調査研究』(http://current.ndl.go.jp/FY2010_research) 2015年5月30日アクセス。

30) 社会福祉法人 日本盲人社会福祉施設協議会 情報サービス部会 編[2015]『障碍者の読書と電子書籍』小学館。

31) 総務省・文部科学省・経済産業省による「デジタル・ネットワーク社会における出版物の利活用の推進に関する懇談会」(http://www.soumu.go.jp/main_sosiki/kenkyu/shuppan/) 2015年6月10日アクセス。

32) 総務省[2015]「アクセシビリティに対応した電子書籍の普及促進」(http://www.soumu.go.jp/main_sosiki/joho_tsusin/b_free/b_free04.html) 2015年6月10日アクセス。

33) 総務省[2015]「音声読み上げによるアクセシビリティに対応した 電子書籍制作ガイドライン」(http://www.soumu.go.jp/main_content/000354698.pdf) 2015年6月10日アクセス。

34) 一般社団法人電子出版制作・流通協議会[2011]「アクセシビリティを考慮した電子出版サービスの実現報告書」。

35) 図書館におけるデジタルコンテンツ利活用検討委員会[2011]「公共図書館における電子書籍利活用ガイドライン（案）」(http://www.unisys.co.jp/solution/gs/pdf/soumu-project3.pdf) 2015年5月30 日アクセス。

36) 内閣府 障害者政策委員会「障害者政策委員会 議事録」(http://www8.cao.go.jp/shougai/suishin/seisaku_iinkai/index) 2015年5月30日アクセス。

37) 日本図書館協会[2010]「公共図書館にDAISY資料を備え、さまざまな情報障害者への情報提供を保障する事業の実施のための予算化について（要望）」(https://www.jla.or.jp/portals/0/html/kenkai/20100809.html) 2015年5月31日アクセス。

38) 日本図書館協会障害者サービス委員会編[2003]『障害者サービス 補訂版』、日本図書館協会。

39) 日本図書館協会障害者サービス委員会[2005]「公共図書館の障害者サービスにおける資料の変換に係わる図書館協力者導入のためのガイドライン―図書館と対面朗読者、点訳・音訳等の資料製作者との関係」、(http://www.jla.or.jp/portals/0/html/lsh/guideline0504.html) 2015年5月31日アクセス。

40) 日本図書館協会障害者サービス委員会著作権委員会編[2014]『障害者サービスと著作権法』日本図書館協会、pp. 82-85。

41) 日本図書館協会・日本文藝家（ぶんげいか）協会[2004]「公共図書館等における音訳資料作成の一括許諾に関する協定書」、「障害者用音訳資料利用ガイドライン」
(https://www.jla.or.jp/portals/0/html/onyaku/index.html) 2015年6月3日アクセス。

42) 社会福祉法人日本盲人社会福祉施設協議会情報サービス部会編[2015]『障害者の読書と電子書籍―見えない、見えにくい人の「読む権利」を求めて』、小学館。

43) 野口武悟（たけのり）・植村八潮・成松一郎・松井進[2014]「電子書籍のアクセシビリティに関する実証実験(1)音声読み上げ機能の検討を中心に」『人文科学年報』(44)、専修大学人文科学研究所、pp. 197-216。

44) 野口武悟（たけのり）・植村八潮[2016]『図書館のアクセシビリティ：「合理的配慮」の提供へ向けて』、樹村房。

45) 林拓也[2012]『E PUB3 電子書籍制作の教科書』、技術評論社。

46) 社団法人ビジネス機械・情報システム産業協会[2011]「電子辞書の年別出荷実績推移」(http://mobile.jbmia.or.jp/market/densi-jisyo-1996-2010%282 0110412%29.pdf) 2015年6月10日アクセス。

47) 松原聡（さとる）・山口翔・岡山将也・池田敬二[2012]「電子書籍のアクセシビリティ」『情報通信学会誌』30(3)、pp. 77-87。

48) 松原聡（さとる）・山口翔・岡山将也・池田敬二[2013]「デジタル教科書プラットフォームの検討」『経済論集』38(2)、東洋大学経済研究会、pp. 185-199。

49) 松原聡（さとる）・山口 翔・城川（きがわ）俊一・山田 肇・藤井大輔

[2011]「電子書籍の総合評価-プラットフォーム、デバイス、フォーマット-」『経済論集』37(1)、東洋大学経済研究会、pp. 143-156。

50) 松原洋子[2015]「アクセシブルな電子図書館と読書困難な学生の支援-日本における大学図書館サービスの課題と展望」『立命館人間科学研究』(31)、pp. 65-73。

51) 松原洋子・植村要[2015]「図書資料のテキストデータ提供の課題—立命館大学図書館の実践から」『全国高等教育障害学生支援協議会第1回大会大会発表論文・資料集』pp. 50-51、立命館大学図書館校正マニュアル。

52) 三菱総合研究所[2011]『全文テキスト化実証実験に係る調査及び評価支援等作業実証実験報告書』pp. 71-74、(http://www.ndl.go.jp/jp/aboutus/digitization/3_5sho.pdf) 2015年6月4日アクセス。

53) 村井純・佐藤雅明[2012]「インターネット技術の標準化」『電子情報通信学会誌』95(2)、pp. 100-104。

54) 文部科学省高等教育局[2012]「障がいのある学生の就学支援に関する検討会報告（第一次まとめ）」
(http://www.mext.go.jp/b_menu/houdou/24/12/__icsFiles/afieldfile/2012/12/26/1329295_2_1_1.pdf) 2015年4月1日アクセス。

55) 山口翔・青木千帆子（ちほこ）・植村要・松原洋子[2012]「＜研究ノート＞電子書籍アクセシビリティに関する出版社アンケート」『国際公共経済研究』(23)、pp. 244-255。

56) 山口翔・植村要・青木千帆子（ちほこ）[2012]「視覚障害者向け音声読み上げ機能の評価　電子書籍の普及を見据えて」『情報通信学会誌』30(2)、pp. 67-80。

57) 山田肇[2008]「情報アクセシビリティをめぐる最近の動向」『電子情報通信学会誌』91(8)、pp. 732-736。

58) 山田肇[2011]「ウェブアクセシビリティの標準化と普及への課題」、『科学技術動向　2011年5月号』、pp. 20-35。

59) 山田肇・遊間（ゆうま）和子[2014]　「ウェブアクセシビリティ義務化は合理的な政策か」『国際公共経済研究』(25)、pp. 165-174。

60) 湯浅俊彦[2014]「読書アクセシビリティの保障と大学図書館―所蔵資料テキストデータ化をめぐって」『論究日本文學』(100)、pp. 209-227。
61) 遊間（ゆうま）和子・山田肇[2013]「公共調達での情報アクセシビリティ義務化：米国の実例と経済学的解釈」『国際公共経済研究』(24)、pp. 203-212。
62) 立命館大学図書館「障害学生の方」(http://www.ritsumei.ac.jp/library/shogaiservice/) 2016年7月18日アクセス。
63) Apple[2011] iOS Human Interface Guidelines, (https://developer.apple.com/jp/documentation/UserExperience/Conceptual/MobileHIG/VoiceOverAccessibility/VoiceOverAccessibility.html) 2015年6月11日アクセス。
64) Cortiella, C. [2006]. NCLB and IDEA: What parents of students with disabilities need to know and do. Minneapolis, MN: University of Minnesota, National Center on Educational Outcomes.
65) IDPF [2013] EPUB 3 Accessibility Guidelines, (http://www.idpf.org/accessibility/guidelines/content/tts/overview.php) 2015年6月11日アクセス。
66) Long, Alex B. [2008] Introducing the New and Improved Americans with Disabilities Act: Assessing the ADA Amendments Act of 2008, Northwestern University Law Review: Colloquy.
67) W3C [2008] Web Content Accessibility Guidelines (WCAG) 2.0, (http://www.w3.org/TR/WCAG20/) 2015年6月11日アクセス。

索引

A to Z

ＡＤＡ（Americans with Disabilities Act of 1990；障害を持つアメリカ人法）　*32, 44, 61, 109, 123*

alt（オルト）　*105*

Amazon　*42*

Android　*28*

ATAG1.0（Authoring Tool Accessibility Guidelines1.0；オーサリングツールアクセシビリティガイドライン1.0）　*106*

ATAG2.0（Authoring Tool Accessibility Guidelines2.0；オーサリングツールアクセシビリティガイドライン2.0）　*108*

.book（ドットブック）　*9*

Book☆Walker（Book Walker）　*38*

BookLive　*38*

Convention on the Rights of Persons with Disabilities　→　障害者権利条約

CSS（Cascading Style Sheets；カスケーディングスタイルシート）　*104*

DAISY（デイジー）
　音声―　*26*
　テキスト―　*26*

DAISY（デイジー）化
　公共図書館の―　*70*

DAISY（デイジー）形式　*24*

DRM（Digital Rights Management；デジタル著作権管理）　*18, 28*

DTP（Desktop publishing；デスクトップパブリッシング）　*36*

ＥPUB　*9, 114*

ＥPUB3　*25, 28, 41, 145*
　―アクセシビリティガイドライン　*116, 121*

EUのアクセシビリティ政策　*23*

GPS歩行支援システム　*21*

honto　*38*

HTML（HyperText Markup Language；ハイパーテキストマークアップ言語）　*102*

HTMLエディタ　*106*

iBooks Store　*38*

IDEA2004(Individuals with Disabilities Education Improvement Act of 2004；個別障害者教育法)　*61*

iOS　*28*
　—音声読み上げ機能　*128*

iPad　*44*

JIS X 8341　*107, 120*

Kindle　*28, 38, 41, 44*

Kindle ストア　*7, 42*

Kinnopy　*38*

LISMO Book Store　*38*

manaba+R　*82*

Marrakesh Treaty to Facilitate Access to Published Works for Persons who are Blind, Visually Impaired, or otherwise Print Disabled　→　マラケシュ条約

nook（ヌック）　*38*

Nordic Cooperation on Disability　*105*

OCR（Optical character recognition；光学文字認識）　*2, 30*

OCR誤認識自動修正プログラム　*95*

OS音声読み上げ機能　*128, 141*

print disabled（ディスエイブルド）　*3*

Reader Store　*38*

Rehabilitation Act　→　リハビリテーション法

SMIL(Synchronized Multimedia Integration Language；同期マルチメディア統合言語)　*10*

SSML (Speech Synthesis Markup Language；音声合成マークアップ言語)　*7, 119, 128, 141*

Techniques for WCAG 2.0 (WCAG2.0実装方法集)　*121*

Text to Speech　*10*

TTS (Text to Speech；音声合成技術)　*5, 10, 144*

UAAG1.0 (User Agent Accessibility Guidelines 1.0；ユーザエージェントアクセシビリティガイドライン1.0)　*106*

UAAG2.0 (User Agent Accessibility Guidelines 2.0；ユーザエージェントアクセシビリティガイドライン2.0)　*108*

W3C (World Wide Web Consortium；ワールドワイドウェブコンソーシアム)　*103*

WAI (Web Accessibility Initiative；ウェブアクセシビリティイニシアティブ)　*106*

WAI-ARIA (Accessible Rich Internet Applications；ウェイ アリア)　*117*

WARP (Web Archiving Project；インターネット資料保存事業)　*75*

WCAG1.0（Web Content Accessibility Guidelines1.0；ウェブコンテンツアクセシビリティガイドライン1.0）　*106*

WCAG2.0（Web Content Accessibility Guidelines2.0；ウェブコンテンツアクセシビリティガイドライン2.0）　*108*

WCAG2.0実装方法集　*121*

WIPO（World Intellectual Property Organization；世界知的所有権機関）　*3*

XHTML（Extensible HyperText Markup Language；エクステンシブルハイパーテキストマークアップ言語）　*104*

XMDF（ever-eXtending Mobile Document Format）　*9*

XML（Extensible Markup Language；エクステンシブルマークアップ言語）　*104*

あ

アクセシビリティ
　　ウェブ—　*104, 113*
　　教科書の—　*150*
　　情報—　*111*
　　電子書籍の—　*4*
アクセシビリティ・スタンダード　*7*
アクセシビリティガイドライン　*120*
アクセシビリティ政策
　　EUの—　*23*
　　海外の—　*23*
アクセシビリティ対応の義務化　*122*
アクセシブルな電子書籍　*68*
アクセシブルな電子図書館　*72*

一括許諾システム　*71*
印刷物障害　*79*
インターネット資料保存事業　→WARP
インデザイン形式　*5*
引用　*50*

ウェイ アリア　*117*
ウェブアクセシビリティ　*104, 113*
ウェブアクセシビリティイニシアティブ　→ WAI
ウェブアクセシビリティと電子書籍　*101, 113*
ウェブコンテンツ　*113*
ウェブコンテンツアクセシビリティガイドライン1.0　→　WCAG1.0
ウェブコンテンツアクセシビリティガイドライン2.0　→　WCAG2.0

エクステンシブルハイパーテキストマークアップ言語　→　XHTML
エクステンシブルマークアップ言語　→　XML

オーサリングツール　*106*
オーサリングツールアクセシビリティガイドライン1.0　→　ATAG1.0
オーサリングツールアクセシビリティガイドライン2.0　→　ATAG2.0
オーディオブック　*43*
音声DAISY（デイジー）　*26*
　　—データ　*6*
音声合成エンジン　*10*
音声合成技術　→　TTS

音声合成マークアップ言語 → SSML
音声付加テキスト 10
音声読み上げ 2, 4, 7
　　自動— 139
　　iPadの— 129
　　—対応状況 9
　　—対応の電子書籍 8
　　—によるアクセシビリティに対応した電子書籍制作ガイドライン 118, 151

か

海外のアクセシビリティ政策 23
学術文献録音サービス 67, 74
拡大教科書 11, 53
拡大読書器 11
カスケーディングスタイルシート → CSS
カスタマーレビュー 42
紙の書籍の利用が困難な方 3
紙の電子の書籍化 2
カラーユニバーサルデザイン 11
技術非依存 109
教科書
　　拡大— 53
　　—検定 52
　　—のアクセシビリティ 150
教科書バリアフリー法（障害のある児童及び生徒のための教科書特定図書等の普及の促進等に関する法律） 53, 150
協議会合意文書 59
行政機関 2

共同自炊型電子図書館 91
近代デジタルライブラリー 75

罫線スリット 11
権利制限 50
　　—範囲 55

光学文字認識 → OCR
公共図書館 2, 68
　　—のDAISY（デイジー）化 70
公衆送信 24
国立国会図書館 31, 74, 147
　　—が行う複製 58
　　—デジタルコレクション 75
国立大学図書館 2
個人モデル 18, 29
誤読発生率 129, 137
　　電子書籍の— 139
誤読率 132
誤認識率 94
個別障害者教育法 → IDEA2004
コンテンツ 106

さ

サピエ（視覚障害者総合情報ネットワーク） 6, 24, 25, 56, 68
　　—利用実績 26
三省懇（さんしょうこん、デジタル・ネットワーク社会における出版物の利活用の推進に関する懇談会） 40

支援技術
　　障害者— *19*
視覚障害者総合情報セットワーク
　　→　サピエ
視覚障害者等　*3, 12, 48, 146, 147*
　　—の情報アクセス　*102*
　　—の読書方法　*18, 24*
色弱者　*11*
市場モデル　*18, 27*
自炊　*29, 92, 148*
肢体障害　*147*
私的複製　*30, 50*
自動音声読み上げ　*139*
自動点訳　*19*
社会的障壁　*2, 146*
弱視　*11*
修正可能率　*138*
出版社　*58, 153*
障害学生支援　*79*
障害者機会均等法（ドイツ）　*110*
障害者権利条約（Convention on the Rights of Persons with Disabilities；障害者の権利に関する条約）　*8, 110*
障害者差別解消法（障害を理由とする差別の解消の推進に関する法律）　*2, 8, 111, 122, 146*
　　—と電子書籍　*152*
障害者差別禁止法（英国）　*110*
障害者差別禁止法（オーストラリア）　*109*
障害者支援技術　*19*
障害者総合支援法（平成25年4月1日施行）　*22*

障害者の権利に関する条約　→　障害者権利条約
障害のある児童及び生徒のための教科書特定図書等の普及の促進等に関する法律
　　→　教科書バリアフリー法
障害を持つアメリカ人法　→　ＡＤＡ
障害を理由とする差別の解消の推進に関する法律　→　障害者差別解消法
小学館eBooks　*38*
情報アクセシビリティ　*111*
情報アクセス（視覚障害者等）　*102*
自立支援給付　*22*
白黒反転コピー　*11*

スキャナ　*30*
スクリーンリーダー　*19*
スチューデント・ライブラリー　*66*

世界知的所有権機関　*3*
セルフパブリッシング　*40*
全文テキスト化実証実験　*59, 76*

総務省ガイドライン　*118, 121*

た

大学図書館　*79*
大活字本　*11*
タイポスコープ　*11*
対面朗読　*67*

地域生活支援事業　*22*
超文書　*103*

著作権者の許諾　24
著作権法
　　―上の複製行為　49
　　―第31条第2項　58
　　―第33条　52
　　―第37条　55
　　―第37条第3項　3, 24

ディスレクシア　147
ティム・バーナーズ・リー　102
データ送信サービス　60
適合レベル　108
テキストDAISY（デイジー）　26
テキストデータ　10
　　未校正―　77
デジタル教科書　54, 149
デジタル著作権管理　→　DRM
デジタル・ネットワーク社会における出版物の利活用の推進に関する懇談会
　　→　三省懇（さんしょうこん）
電気通信法　23
電子化
　　紙の書籍の―　2
点字携帯端末　21
電子辞書　36
電子書籍　2, 36
　　―アクセシビリティ　4
　　アクセシブルな―　68
　　ウェブアクセシビリティと―　101, 113
　　音声読み上げ対応の―　8
　　―元年　38, 39
　　―誤読発生率　139
　　―コンソーシアム　37

　　―市場　37, 38
　　―障害者差別解消法　152
　　―ストア　44
　　―日本語音声読み上げ　6
　　―フォーマット　40
　　―ユニバーサルデザイン　32
電子資料の配信　78
点字ディスプレイ　25
点字図書・録音図書全国総合目録　67, 69, 74
点字図書館　66
電子図書館　69
　　アクセシブルな―　72
　　共同自炊型―　91
点字による複製　70
電子納本　31

読字障害者　147
読書困難者　11, 68
読書方法
　　視覚障害者等の―　18, 24
図書館ガイドライン　55
図書館サービス　57

な

ないーぶネット　69
なごや会　67
斜め読み　77

21世紀通信映像アクセシビリティ法　23
日常生活用具　22
日本語音声読み上げ

電子書籍の―　6
日本語の特殊性　7
日本点字図書館　77

　　　　　　は

媒体変換　18
ハイテク読書　80
ハイパーテキスト　103
ハイパーテキストマークアップ言語
　　→　HTML
びぶりおネット　69
ビューワ　115

福祉モデル　18, 24
複製　24
　　国立国会図書館が行う―　58
　　私的―　50
　　点字による―　70
　　録音による―　70
複製行為（著作権法上）　49
複製データの製作　70
ブレイルセンス　19, 21

米国議会図書館　62
米国著作権法第121条　62
米国の障害者政策　23
米国の法制度　60

ボーンデジタル　5, 74
補装具　22
ボランティア　27

　　　　　　ま

マークアップ　102
マラケシュ条約（Marrakesh Treaty to Facilitate Access to Published Works for Persons who are Blind, Visually Impaired, or otherwise Print Disabled；盲人、視覚障害者及び読字障害者、その他読書困難者の出版物へのアクセス促進のためのマラケシュ条約）　3, 23
マルチパス誤差　22

未校正テキストデータ　77
みんなでデイジー　72, 77
みんなの公共サイト運用モデル　112

盲人、視覚障害者及び読字障害者、その他読書困難者の出版物へのアクセス促進のためのマラケシュ条約　→　マラケシュ条約
文字送り　7
文字拡大　7

　　　　　　や

ユーザエージェント　106
ユーザエージェントアクセシビリティガイドライン1.0　→　UAAG1.0
ユーザエージェントアクセシビリティガイドライン2.0　→　UAAG2.0
ユニバーサルデザイン　20
　　カラー――　11
　　電子書籍の―　32

ら

楽天Kobo　*38*

リーダー　*115*
立命館大学図書館　*80*
リハビリテーション法（Rehabilitation Act）　*7, 23, 33, 61, 123*
リフロー　*4, 7*
レコメンデーション　*42*
レポジトリNIMAC　*62*
ロービジョンケア　*11*
録音による複製　*70*

わ

ワールドワイドウェブコンソーシアム　→　W3C

編著者紹介

松原聡　（まつばら・さとる）
東洋大学副学長・教授。
博士（経済学）。一般社団法人電子出版制作・流通協議会　アクセシビリティ特別委員長。

電子書籍アクセシビリティの研究
—— 視覚障害者等への対応からユニバーサルデザインへ

2017年1月20日　初版第一刷発行

| 編著者 | 松原　聡　© Satoru Matsubara, 2017 |

発行所　東洋大学出版会
　　　　〒112-8606　東京都文京区白山5-28-20
　　　　電話 (03) 3945-7563
　　　　http://www.toyo.ac.jp/site/toyo-up/

発売所　丸善出版株式会社
　　　　〒101-0051　東京都千代田区神田神保町2-17
　　　　電話 (03) 3512-3256
　　　　http://pub.maruzen.co.jp/

　　　　組版・印刷・製本　大日本印刷株式会社
　　　　ISBN978-4-908590-01-6 C3037